경비업 법령집

- 2018년 4월 25일 기준 -

구영선
조달환
공저

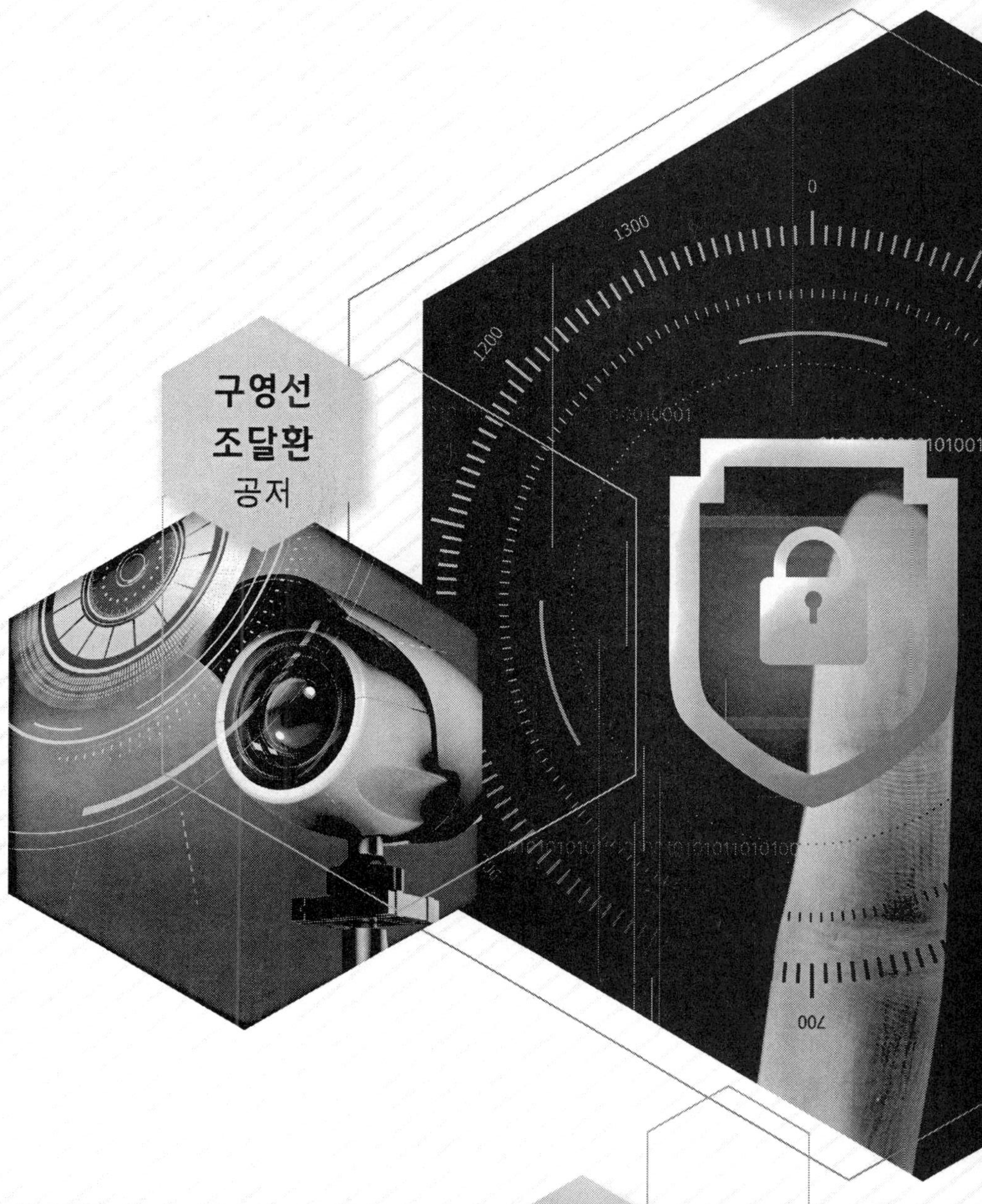

사단법인
한국경비원협회 중앙회

도서출판
진영사

경비업법령집

-2018년 4월 25일 기준-

구영선, 조달환

사단법인 한국경비원협회 중앙회

도서출판 진 영 사

이 법령집을 보실 때 주의사항

1. 이 책 9페이지 경비업법 제4조 제2항 제2호 가목(시설경비)의 "경비원 20명 이상"은 "경비원 5명 이상"으로 시행령 제3조 제2항의 별표 1에서 "경비원 20명 이상"은 "경비원 5명 이상"으로 입법예고 하였으나 시행일이 확정되지 않았으니 유념하여 보시기 바랍니다.
2. 이 책 156페이지 2018년 1월 1일부터 적용할 국가기관 또는 지방자치단체에 근무하는 청원경찰의 봉급표(제9조 제1항 관련)를 입법예고 하였으나 시행일이 확정되지 않았으니 유념하여 보시기 바랍니다.
3. 이 책 187페이지의 2018년 청원경찰 경비기준액을 고시하였으나 시행일이 확정되지 않았으니 유념하여 보시기 바랍니다.

※ 시설경비의 경비원 20명 이상은 경비업법령 개정 시행일 전까지 적용하며, 국가기관 또는 지방자치단체에 근무하는 청원경찰의 봉급표, 청원경찰 경비기준액은 시행일 전까지는 2017년 봉급표, 경비기준액을 적용하고, 시행일이 확정되면 2018년 봉급표, 경비기준액이 적용되어 차액을 소급하여 지급하게 됩니다.

목 차

경비업법령

경비업법(법률-시행령-시행규칙)

경비업법 [법률 제14909호, 2017.10.24., 일부개정	경비업법 시행령 [대통령령 제28215호, 2017.7.26., 타법개정]	경비업법 시행규칙 [행정안전부령 제3호, 2017.7.26., 타법개정]
제1장 총칙		
제1조(목적) 이 법은 경비업의 육성 및 발전과 그 체계적 관리에 관하여 필요한 사항을 정함으로써 경비업의 건전한 운영에 이바지함을 목적으로 한다.	**제1조(목적)** 이 영은 경비업법에서 위임된 사항과 그 시행에 관하여 필요한 사항을 규정함을 목적으로 한다.	**제1조(목적)** 이 규칙은 경비업법 및 동법시행령에서 위임된 사항과 그 시행에 관하여 필요한 사항을 규정함을 목적으로 한다.
제2조(정의) 이 법에서 사용하는 용어의 정의는 다음과 같다. 〈개정 2005.5.31, 2013.6.7〉 1. "경비업"이라 함은 다음 각목의 1에 해당하는 업무(이하 "경비업무"라 한다)의 전부 또는 일부를 도급받아 행하는 영업을 말한다. 가. 시설경비업무 : 경비를 필요로 하는 시설 및 장소(이하 "경비대상시설"이라 한다)에서의 도난·화재 그 밖의 혼잡 등으로 인한 위험발생을 방지하는 업무 나. 호송경비업무 : 운반중에 있는 현금·유가증권·귀금속·상품 그 밖의 물건에 대하여 도난·화재 등 위험발생을 방지하는 업무 다. 신변보호업무 : 사람의 생명이나 신체에 대한 위해의 발생을 방지하고 그 신변을 보호하는 업무 라. 기계경비업무 : 경비대상시설에 설치한 기기에 의하여 감지·송신된 정보를 그 경비대상시설외의 장소에 설치한 관제시설의 기기로 수신하여 도난·화재 등 위험발생을 방지하는 업무	**제2조(국가중요시설)** 경비업법(이하 "법"이라 한다) 제2조제1호마목에서 "대통령령이 정하는 국가중요시설"이라 함은 공항·항만, 원자력발전소 등의 시설중 국가정보원장이 지정하는 국가보안목표시설과 「통합방위법」 제21조제4항의 규정에 의하여 국방부장관이 지정하는 국가중요시설을 말한다. 〈개정 2003.11.11, 2009.11.17〉	**제2조(호송경비의 통지)** 경비업법(이하 "법"이라 한다) 제4조제1항의 규정에 의하여 경비업의 허가를 받은 법인(이하 "경비업자"라 한다)은 법 제2조제1호 나목의 규정에 의한 호송경비업무를 수행하기 위하여 관할경찰서의 협조를 얻고자 하는 때에는 현금 등의 운반을 위한 출발 전일까지 출발지의 경찰서장에게 별지 제1호서식의 호송경비통지서(전자문서로 된 통지서를 포함한다)를 제출하여야 한다. 〈개정 2004.12.10〉

마. 특수경비업무 : 공항(항공기를 포함한다) 등 대통령령이 정하는 국가중요시설(이하 "국가중요시설"이라 한다)의 경비 및 도난·화재 그 밖의 위험발생을 방지하는 업무

2. “경비지도사”라 함은 경비원을 지도·감독 및 교육하는 자를 말하며 일반경비지도사와 기계경비지도사로 구분한다.

3. “경비원”이라 함은 제4조제1항의 규정에 의하여 경비업의 허가를 받은 법인(이하 “경비업자”라 한다)이 채용한 고용인으로서 다음 각 목의 1에 해당하는 자를 말한다.

가. 일반경비원 : 제1호 가목 내지 라목의 경비업무를 수행하는 자

나. 특수경비원 : 제1호 마목의 경비업무를 수행하는 자

4. “무기”라 함은 인명 또는 신체에 위해를 가할 수 있도록 제작된 권총·소총 등을 말한다.

5. “집단민원현장”이란 다음 각 목의 장소를 말한다.

가. 「노동조합 및 노동관계조정법」에 따라 노동관계 당사자가 노동쟁의 조정신청을 한 사업장 또는 쟁의행위가 발생한 사업장

나. 「도시 및 주거환경정비법」에 따른 정비사업과 관련하여 이해대립이 있어 다툼이 있는 장소

다. 특정 시설물의 설치와 관련하여 민원이 있는 장소

라. 주주총회와 관련하여 이해대립이 있어 다툼이 있는 장소

마. 건물·토지 등 부동산 및 동산에 대한 소유권·운영권·관리권·점유권 등 법적 권리에 대한 이해대립이 있어 다툼이 있는 장소

바. 100명 이상의 사람이 모이는 국제·문화·예술·체육 행사장

사. 「행정대집행법」에 따라 대집행을 하는 장소

제3조(법인) 경비업은 법인이 아니면 이를 영위할 수 없다.

제2장 경비업의 허가 등

제4조(경비업의 허가) ①경비업을 영위하고자 하는 법인은 도급받아 행하고자 하는 경비업무를 특정하여 그 법인의 주사무소의 소재지를 관할하는 지방경찰청장의 허가를 받아야 한다. 도급받아 행하고자 하는 경비업무를 변경하는 경우에도 또한 같다.

② 제1항에 따른 허가를 받고자 하는 법인은 다음 각 호의 요건을 갖추어야 한다. 〈개정 2013.6.7〉

1. 대통령령으로 정하는 1억원 이상의 자본금의 보유
2. 다음 각 목의 경비인력 요건
   가. 시설경비업무: 경비원 20명 이상 및 경비지도사 1명 이상
   나. 시설경비업무 외의 경비업무: 대통령령으로 정하는 경비 인력
3. 제2호의 경비인력을 교육할 수 있는 교육장을 포함하여 대통령령으로 정하는 시설과 장비의 보유
4. 그 밖에 경비업무 수행을 위하여 대통령령으로 정하는 사항

③ 제1항의 규정에 의하여 경비업의 허가를 받은 법인은 다음 각호의 1에 해당하는 때에는 지방경찰청장에게 신고하여야 한다.

1. 영업을 폐업하거나 휴업한 때
2. 법인의 명칭이나 대표자·임원을 변경한 때
3. 법인의 주사무소나 출장소를 신설·이전 또는 폐지한 때

제3조(허가신청 등) ① 법 제4조제1항에 따라 경비업의 허가를 받으려는 경우에는 허가신청서에, 경비업의 허가를 받은 법인(이하 "경비업자"라 한다)이 허가를 받은 경비업무를 변경하거나 새로운 경비업무를 추가하려는 경우에는 변경허가신청서에 행정안전부령으로 정하는 서류를 첨부하여 법인의 주사무소를 관할하는 지방경찰청장 또는 해당 지방경찰청 소속의 경찰서장에게 제출하여야 한다. 이 경우 신청서를 제출받은 경찰서장은 지체 없이 관할 지방경찰청장에게 보내야 한다. 〈개정 2011.4.4, 2013.3.23, 2014.11.19, 2017.7.26〉

② 제1항의 규정에 의하여 허가 또는 변경허가 신청서를 제출하는 법인은 별표 1의 규정에 의한 경비인력·자본금·시설 및 장비를 갖추어야 한다. 다만, 경비업의 허가 또는 변경허가를 신청하는 때에 별표 1의 규정에 의한 시설 등(자본금을 제외한다. 이하 이 항에서 같다)을 갖출 수 없는 경우에는 허가 또는 변경허가의 신청시 시설 등의 확보계획서를 제출한 후 허가 또는 변경허가를 받은 날부터 1월 이내에 별표 1의 규정에 의한 시설 등을 갖추고 지방경찰청장의 확인을 받아야 한다.

제3조(허가신청 등) ① 법 제4조제1항 및 「경비업법 시행령」(이하 "영"이라 한다) 제3조제1항에 따라 경비업의 허가를 받으려는 경우 또는 경비업자가 허가를 받은 경비업무를 변경하거나 새로운 경비업무를 추가하려는 경우에는 별지 제2호서식의 경비업 허가신청서 또는 변경허가신청서(전자문서로 된 신청서를 포함한다)에 다음 각 호의 서류(전자문서를 포함한다)를 첨부하여 법인의 주사무소를 관할하는 지방경찰청장 또는 해당 지방경찰청 소속의 경찰서장에게 제출하여야 한다. 이 경우 신청서를 제출받은 경찰서장은 지체 없이 관할 지방경찰청장에게 보내야 한다. 〈개정 2004.12.10, 2006.9.7, 2011.4.4〉

1. 법인의 정관 1부
2. 법인 임원의 이력서 1부
3. 경비인력·시설 및 장비의 확보계획서 1부(경비업 허가의 신청시 이를 갖출 수 없는 경우에 한한다)

② 제1항에 따른 신청서를 제출받은 지방경찰청장은 「전자정부법」 제36조제1항에 따른 행정정보의 공동이용을 통하여 법인의 등기사항증명서를 확인하여야 한다. 〈신설 2006.9.7, 2008.12.5, 2010.9.10〉

4. 기계경비업무의 수행을 위한 관제시설을 신설·이전 또는 폐지한 때
5. 특수경비업무를 개시하거나 종료한 때
6. 그 밖에 대통령령이 정하는 중요사항을 변경한 때

④ 제1항 및 제3항의 규정에 의한 허가 또는 신고의 절차, 신고의 기한 등 허가 및 신고에 관하여 필요한 사항은 대통령령으로 정한다.

제4조(허가절차 등) ①지방경찰청장은 제3조제1항의 규정에 의하여 허가 또는 변경허가의 신청을 받은 때에는 경비업을 영위하고자 하는 법인의 임원중 법 제5조의 규정에 의한 결격사유에 해당하는 자가 있는지의 유무, 경비인력·시설 및 장비의 확보 또는 확보가능성의 여부, 자본금과 대표자·임원의 경력 및 신용 등을 검토하여 허가여부를 결정하여야 한다.

② 지방경찰청장은 제1항에 따른 검토를 한 후 경비업을 허가하거나 변경허가를 한 경우에는 해당 법인의 주사무소를 관할하는 경찰서장을 거쳐 신청인에게 허가증을 발급하여야 한다. 〈개정 2011.4.4〉

③ 경비업자는 경비업 허가증을 잃어버리거나 경비업 허가증이 못쓰게 된 경우에는 허가증 재교부신청서에 다음 각 호의 구분에 따른 서류를 첨부하여 법인의 주사무소를 관할하는 지방경찰청장 또는 해당 지방경찰청 소속의 경찰서장에게 재발급을 신청하여야 하고, 신청서를 제출받은 경찰서장은 지체 없이 관할 지방경찰청장에게 보내야 한다. 〈개정 2011.4.4〉
1. 허가증을 잃어버린 경우에는 그 사유서
2. 허가증이 못쓰게 된 경우에는 그 허가증

제5조(폐업 또는 휴업 등의 신고) ① 경비업자는 폐업을 한 경우에는 법 제4조제3항제1호에 따라 폐업을 한 날부터 7일 이내에 폐업신고서에 허가증을 첨부하여 법인의 주사무소를 관할하는 지방경찰청장 또는 해당 지방경찰청 소속의 경찰서장에게 제출하여야 한다. 이 경우 폐업신고서를 제출받은 경찰서장은 지체 없이 관할 지방경찰청장에게 보내야 한다. 〈개정 2011.4.4〉

제4조(허가증 등) ①영 제4조제2항의 규정에 의한 허가증은 별지 제3호서식에 의한다.

② 영 제4조제3항의 규정에 의한 허가증 재교부신청서는 별지 제4호서식에 의한다.

제5조(폐업 또는 휴업 등의 신고) ①영 제5조제1항의 규정에 의한 폐업신고서와 동조제2항의 규정에 의한 휴업신고서·영업재개신고서 및 휴업기간연장신고서는 별지 제5호서식에 의한다. 〈개정 2003.11.17〉

② 경비업자는 휴업을 한 경우에는 법 제4조제3항제1호에 따라 휴업한 날부터 7일 이내에 휴업신고서를 법인의 주사무소를 관할하는 지방경찰청장 또는 해당 지방경찰청 소속의 경찰서장에게 제출하여야 하고, 휴업신고서를 제출받은 경찰서장은 지체 없이 관할 지방경찰청장에게 보내야 한다. 이 경우 휴업신고를 한 경비업자가 신고한 휴업기간이 끝나기 전에 영업을 다시 시작하거나 신고한 휴업기간을 연장하려는 경우에는 영업을 다시 시작한 후 7일 이내에 또는 신고한 휴업기간이 끝난 후 7일 이내에 영업재개신고서 또는 휴업기간연장신고서를 제출하여야 한다. 〈개정 2011.4.4〉

③ 법 제4조제3항제3호의 규정에 의하여 신설·이전 또는 폐지한 때에 신고를 하여야 하는 출장소는 주사무소 외의 장소로서 일상적으로 일정지역안의 경비업무를 지휘·총괄하는 영업거점인 지점·지사 또는 사업소 등의 장소로 한다.

④ 법 제4조제3항제6호에서 "그밖에 대통령령이 정하는 중요사항"이라 함은 정관의 목적을 말한다. 〈개정 2003.11.11〉

⑤ 법 제4조제3항제2호부터 제6호까지의 규정에 따른 신고는 그 사유가 발생한 날부터 30일 이내에 하여야 한다. 〈개정 2014.12.30.〉

[제목개정 2003.11.11]

② 법 제4조제3항제2호에 따른 법인의 명칭·대표자·임원, 같은 항 제3호에 따른 주사무소·출장소나 영 제5조제4항에 따른 정관의 목적이 변경되어 법 제4조제3항에 따른 신고를 하는 경우에는 별지 제6호서식의 경비업 허가사항 등의 변경신고서(전자문서로 된 신고서를 포함한다)에 다음 각 호의 서류(전자문서를 포함한다)를 첨부하여 법인의 주사무소를 관할하는 지방경찰청장 또는 해당 지방경찰청 소속의 경찰서장에게 제출하여야 한다. 변경신고서를 제출받은 경찰서장은 이를 지체 없이 관할지방경찰청장에게 보내야 한다. 〈개정 2003.11.17, 2004.12.10, 2006.2.2, 2006.9.7, 2011.4.4〉

1. 명칭 변경의 경우 : 허가증 원본
2. 대표자 변경의 경우
   가. 삭제 〈2006.9.7〉
   나. 법인 대표자의 이력서 1부
   다. 허가증 원본
3. 임원 변경의 경우 : 법인 임원의 이력서 1부
4. 주사무소 또는 출장소 변경의 경우 : 허가증 원본
5. 정관의 목적 변경의 경우 : 법인의 정관 1부

③ 제2항에 따른 신고서를 제출받은 지방경찰청장은 「전자정부법」 제36조제1항에 따른 행정정보의 공동이용을 통하여 법인의 등기사항증명서를 확인하여야 한다. 〈신설 2006.9.7, 2008.12.5, 2010.9.10〉

④ 법 제4조제3항제5호의 규정에 의한 특수경비업무의 개시 또는 종료의 신고는 별지 제7호서식에 의한다. 〈개정 2006.9.7〉

[제목개정 2003.11.17]

제4조의2(허가의 제한) ① 누구든지 제4조제1항에 따른 허가를 받은 경비업체와 동일한 명칭으로 경비업 허가를 받을 수 없다.

② 제19조제1항제2호 및 제7호의 사유로 경비업체의 허가가 취소된 경우 허가가 취소된 날부터 10년이 지나지 아니한 때에는 누구든지 허가가 취소된 경비업체와 동일한 명칭으로 제4조제1항에 따른 허가를 받을 수 없다.

③ 제19조제1항제2호 및 제7호의 사유로 허가가 취소된 법인은 법인명 또는 임원의 변경에도 불구하고 허가가 취소된 날부터 5년이 지나지 아니한 때에는 제4조제1항에 따른 허가를 받을 수 없다.

[본조신설 2013.6.7]

제5조(임원의 결격사유) 다음 각호의 1에 해당하는 자는 경비업을 영위하는 법인(제4호에 해당하는 자의 경우에는 특수경비업무를 수행하는 법인을 말하고, 제5호에 해당하는 자의 경우에는 허가취소사유에 해당하는 경비업무와 동종의 경비업무를 수행하는 법인을 말한다)의 임원이 될 수 없다. 〈개정 2008.2.29, 2013.6.7〉

제6조(특수경비업자의 업무개시전의 조치) ① 법 제2조제1호마목의 규정에 의한 특수경비업무를 수행하는 경비업자(이하 "특수경비업자"라 한다)는 법 제4조제3항제5호의 규정에 의하여 첫 업무개시의 신고를 하기 전에 지방경찰청장의 비밀취급인가를 받아야 한다.

② 지방경찰청장은 제1항의 규정에 의하여 특수경비업자에게 비밀취급인가를 하고자 하는 때에는 법 제25조의 규정에 의하여 특수경비업자로 하여금 경찰청장을 거쳐 국가정보원장에게 보안측정을 요청하도록 하여야 한다.

1. 피성년후견인 또는 피한정후견인
2. 파산선고를 받고 복권되지 아니한 자
3. 금고 이상의 형의 선고를 받고 그 형이 실효되지 아니한 자
4. 이 법 또는 「대통령 등의 경호에 관한 법률」에 위반하여 벌금형의 선고를 받고 3년이 지나지 아니한 자
5. 이 법(제19조제1항제2호 및 제7호는 제외한다) 또는 이 법에 의한 명령에 위반하여 허가가 취소된 법인의 허가취소 당시의 임원이었던 자로서 그 취소 후 3년이 지나지 아니한 자
6. 제19조제1항제2호 및 제7호의 사유로 허가가 취소된 법인의 허가취소 당시의 임원이었던 자로서 허가가 취소된 날부터 5년이 지나지 아니한 자

제6조(허가의 유효기간 등) ①제4조제1항의 규정에 의한 경비업 허가의 유효기간은 허가받은 날부터 5년으로 한다.

② 제1항의 규정에 의한 유효기간이 만료된 후 계속하여 경비업을 하고자 하는 법인은 행정안전부령으로 정하는 바에 따라 갱신허가를 받아야 한다. 〈개정 2008.2.29, 2013.3.23, 2014.11.19, 2017.7.26〉

제6조(허가갱신) ① 법 제6조제2항에 따라 경비업의 갱신허가를 받으려는 자는 허가의 유효기간 만료일 30일 전까지 별지 제2호서식의 경비업 갱신허가신청서(전자문서로 된 신청서를 포함한다)에 허가증 원본 및 정관(변경사항이 있는 경우만 해당한다)을 첨부하여 법인의 주사무소를 관할하는 지방경찰청장 또는 해당 지방경찰청 소속의 경찰서장에게 제출하여야 한다. 경비업 갱신허가신청서를 제출받은 경찰서장은 이를 지체 없이 관할지방경찰청장에게 보내야 한다. 〈개정 2011.4.4〉

② 제1항에 따른 신청서를 제출받은 지방경찰청장은 「전자정부법」 제36조제1항에 따른 행정정보의 공동이용을 통하여 법인의 등기사항증명서를 확인하여야 한다. 〈신설 2006.9.7, 2008.12.5, 2010.9.10〉

		③ 지방경찰청장은 법 제6조제2항의 규정에 의하여 갱신허가를 하는 때에는 유효기간이 만료되는 허가증을 회수한 후 별지 제3호서식의 허가증을 교부하여야 한다. 〈개정 2006.9.7〉
제7조(경비업자의 의무) ① 경비업자는 경비대상시설의 소유자 또는 관리자(이하 "시설주"라 한다)의 관리권의 범위안에서 경비업무를 수행하여야 하며, 다른 사람의 자유와 권리를 침해하거나 그의 정당한 활동에 간섭하여서는 아니된다. ② 경비업자는 경비업무를 성실하게 수행하여야 하고, 도급을 의뢰받은 경비업무가 위법 또는 부당한 것일 때에는 이를 거부하여야 한다. ③ 경비업자는 불공정한 계약으로 경비원의 권익을 침해하거나 경비업의 건전한 육성과 발전을 해치는 행위를 하여서는 아니된다. ④ 경비업자의 임·직원이거나 임·직원이었던 자는 다른 법률에 특별한 규정이 있는 경우를 제외하고는 그 직무상 알게 된 비밀을 누설하거나 다른 사람에게 제공하여 이용하도록 하는 등 부당한 목적을 위하여 사용하여서는 아니된다. ⑤ 경비업자는 허가받은 경비업무외의 업무에 경비원을 종사하게 하여서는 아니된다. ⑥ 경비업자는 집단민원현장에 경비원을 배치하는 때에는 경비지도사를 선임하고 그 장소에 배치하여 행정안전부령으로 정하는 바에 따라 경비원을 지도·감독하게 하여야 한다. 〈신설 2013.6.7, 2014.11.19, 2017.7.26〉	**제7조의2(특수경비업자가 할 수 있는 영업)** ① 법 제7조제9항에서 "경비장비의 제조·설비·판매업, 네트워크를 활용한 정보산업, 시설물 유지관리업 및 경비원 교육업 등 대통령령이 정하는 경비관련업"이란 다음 각 호의 영업을 말한다. 1. 별표 1의2에 따른 영업 2. 제1호에 따른 영업에 부수되는 것으로서 경찰청장이 지정·고시하는 영업 ② 제1항에 따른 영업의 범위에 관하여는 법 또는 이 영에 특별한 규정이 있는 경우를 제외하고는 「통계법」에 따라 통계청장이 고시하는 한국표준산업분류표에 따른다. [전문개정 2014.6.3]	**제6조의2(집단민원현장에 선임·배치된 경비지도사의 직무)** 법 제7조제6항에 따라 경비업자는 집단민원현장에 선임·배치된 경비지도사로 하여금 다음 각 호의 직무를 수행하도록 하여야 한다. 1. 법 제15조의2에 따른 경비원 등의 의무 위반행위 예방 및 제지 2. 법 제16조에 따른 경비원의 복장 착용 등에 대한 지도·감독 3. 법 제16조의2에 따른 경비원의 장비 휴대 및 사용에 대한 지도·감독 4. 법 제18조제1항 단서에 따라 집단민원현장에 비치된 경비원 명부의 관리 [본조신설 2014.6.5]

⑦ 특수경비업무를 수행하는 경비업자(이하 "특수경비업자"라 한다)는 제4조제3항제5호의 규정에 의한 특수경비업무의 개시신고를 하는 때에는 국가중요시설에 대한 특수경비업무의 수행이 중단되는 경우 시설주의 동의를 얻어 다른 특수경비업자중에서 경비업무를 대행할 자(이하 "경비대행업자"라 한다)를 지정하여 허가관청에 신고하여야 한다. 경비대행업자의 지정을 변경하는 경우에도 또한 같다. 〈개정 2013.6.7〉

⑧ 특수경비업자는 국가중요시설에 대한 특수경비업무를 중단하게 되는 경우에는 미리 이를 제7항의 규정에 의한 경비대행업자에게 통보하여야 하며, 경비대행업자는 통보받은 즉시 그 경비업무를 인수하여야 한다. 이 경우 제7항의 규정은 경비대행업자에 대하여 이를 준용한다. 〈개정 2013.6.7., 2014.12.30.〉

⑨ 특수경비업자는 이 법에 의한 경비업과 경비장비의 제조·설비·판매업, 네트워크를 활용한 정보산업, 시설물 유지관리업 및 경비원 교육업 등 대통령령이 정하는 경비관련업외의 영업을 하여서는 아니된다. 〈개정 2002.12.18, 2013.6.7〉

[2002.12.18 법률 제6787호에 의하여 2002.4.25 헌법재판소에서 위헌 결정된 이 조를 개정함.]

제7조의2(경비업무 도급인 등의 의무) ① 누구든지 제4조제1항에 따른 허가를 받지 아니한 자에게 경비업무를 도급하여서는 아니 된다.

② 누구든지 집단민원현장에 경비인력을 20명 이상 배치하려고 할 때에는 그 경비인력을 직접 고용하여서는 아니 되고, 경비업자에게 경비업무를 도급하여야 한다. 다만, 시설주 등이 집단민원현장 발생 3개월 전까지 직접 고용하여 경비업무를 수행하는 피고용인의 경우에는 그러하지 아니하다.

[본조신설 2013.6.7]

제7조의3(무자격자 및 부적격자 등의 범위) 다음 각 호의 경비업무를 도급하려는 자는 법 제7조의2제3항에 따라 다음 각 호의 구분에 해당하는 사람을 그 경비업무를 수급한 경비업자의 경비원으로 채용하도록 관여하거나 영향력을 행사해서는 아니된다.

1. 시설경비업무, 신변보호업무(집단민원현장의 시설경비업무 또는 신변보호업무는 제외한다), 호송경비업무 또는 기계경비업무
   가. 법 제10조제1항에 따라 경비지도사 또는 일반경비원이 될 수 없는 사람

③ 제1항 및 제2항에 따라 경비업무를 도급하는 자는 그 경비업무를 수급한 경비업자의 경비원 채용 시 무자격자나 부적격자 등을 채용하도록 관여하거나 영향력을 행사해서는 아니 된다. 〈신설 2015.7.20.〉 ④ 제3항에 따른 무자격자 및 부적격자의 구체적인 범위 등은 대통령령으로 정한다. 〈신설 2015.7.20.〉	나. 「아동·청소년의 성보호에 관한 법률」 제56조제1항제14호에 따라 경비업무에 종사할 수 없는 사람 2. 특수경비업무 가. 법 제10조제2항에 따라 특수경비원이 될 수 없는 사람 나. 「아동·청소년의 성보호에 관한 법률」 제56조제1항제14호에 따라 경비업무에 종사할 수 없는 사람 3. 집단민원현장의 시설경비업무 또는 신변보호업무 가. 법 제10조제1항에 따라 경비지도사 또는 일반경비원이 될 수 없는 사람 나. 법 제18조제6항에 따라 집단민원현장에 일반경비원으로 배치할 수 없는 사람 다. 「아동·청소년의 성보호에 관한 법률」 제56조제1항제14호에 따라 경비업무에 종사할 수 없는 사람 [본조신설 2015.10.20.]	
제3장 기계경비업무		
제8조(대응체제) 기계경비업무를 수행하는 경비업자(이하 "기계경비업자"라 한다)는 경비대상시설에 관한 경보를 수신한 때에는 신속하게 그 사실을 확인하는 등 필요한 대응조치를 취하여야 하며, 이를 위한 대응체제를 갖추어야 한다.	**제7조(기계경비업자의 대응체제)** 법 제2조제1호라목의 규정에 의한 기계경비업무를 수행하는 경비업자(이하 "기계경비업자"라 한다)는 법 제8조의 규정에 의하여 관제시설 등에서 경보를 수신한 때에는 경보를 수신한 때부터 늦어도 25분 이내에는 도착시킬 수 있는 대응체제를 갖추어야 한다.	

제9조(오경보의 방지 등) ① 기계경비업자는 경비계약을 체결하는 때에는 오경보를 막기 위하여 계약상대방에게 기기사용요령 및 기계경비운영체계 등에 관하여 설명하여야 하며, 각종 기기가 오작동되지 아니하도록 관리하여야 한다.

② 기계경비업자는 대응조치 등 업무의 원활한 운영과 개선을 위하여 대통령령이 정하는 바에 따라 관련 서류를 작성·비치하여야 한다.

제8조(오경보의 방지를 위한 설명 등) ① 법 제9조제1항의 규정에 의하여 기계경비업자가 계약상대방에게 하여야 하는 설명은 다음 각호의 사항을 기재한 서면 또는 전자문서(이하 "서면등"이라 하며, 이 조에서 전자문서는 계약상대방이 원하는 경우에 한한다)를 교부하는 방법에 의한다.

1. 당해 기계경비업무와 관련된 관제시설 및 출장소(제5조제3항의 규정에 의한 출장소를 말한다. 이하 같다)의 명칭·소재지
2. 기계경비업자가 경비대상시설에서 발생한 경보를 수신한 경우에 취하는 조치
3. 기계경비업무용 기기의 설치장소 및 종류와 그밖의 기계장치의 개요
4. 오경보의 발생원인과 송신기기의 유지·관리방법

② 기계경비업자는 제1항 각호의 사항을 기재한 서면등과 함께 법 제26조의 규정에 의한 손해배상의 범위와 손해배상액에 관한 사항을 기재한 서면등을 계약상대방에게 교부하여야 한다.

제9조(기계경비업자의 관리 서류) ① 기계경비업자는 법 제9조제2항의 규정에 의하여 출장소별로 다음 각호의 사항을 기재한 서류를 갖추어 두어야 한다.

1. 경비대상시설의 명칭·소재지 및 경비계약기간
2. 기계경비지도사의 명단·배치일자·배치장소와 출동차량의 대수
3. 경보의 수신 및 현장도착 일시와 조치의 결과
4. 오경보인 경우 오경보가 발생한 경비대상시설 및 그 오경보에 대한 조치의 결과

② 제1항제3호 및 제4호의 규정에 의한 사항을 기재한 서류는 당해 경보를 수신한 날부터 1년간 이를 보관하여야 한다.

제4장 경비지도사 및 경비원

제10조(경비지도사 및 경비원의 결격사유) ① 다음 각호의 1에 해당하는 자는 경비지도사 또는 일반경비원이 될 수 없다. 〈개정 2013.6.7., 2014.12.30.〉

1. 만 18세 미만인 자, 피성년후견인, 피한정후견인
2. 파산선고를 받고 복권되지 아니한 자
3. 금고 이상의 실형의 선고를 받고 그 집행이 종료(집행이 종료된 것으로 보는 경우를 포함한다)되거나 집행이 면제된 날부터 5년이 지나지 아니한 자
4. 금고 이상의 형의 집행유예선고를 받고 그 유예기간중에 있는 자
5. 다음 각 목의 어느 하나에 해당하는 죄를 범하여 벌금형을 선고받은 날부터 10년이 지나지 아니하거나 금고 이상의 형을 선고받고 그 집행이 종료된(종료된 것으로 보는 경우를 포함한다) 날 또는 집행이 유예·면제된 날부터 10년이 지나지 아니한 자
 가. 「형법」 제114조의 죄
 나. 「폭력행위 등 처벌에 관한 법률」 제4조의 죄
 다. 「형법」 제297조, 제297조의2, 제298조부터 제301조까지, 제301조의2, 제302조, 제303조, 제305조, 제305조의2의 죄
 라. 「성폭력범죄의 처벌 등에 관한 특례법」 제3조부터 제11조까지 및 제15조(제3조부터 제9조까지의 미수범만 해당한다)의 죄
 마. 「아동·청소년의 성보호에 관한 법률」 제7조 및 제8조의 죄
 바. 다목부터 마목까지의 죄로서 다른 법률에 따라 가중처벌되는 죄

제10조(경비지도사의 구분) 법 제10조 내지 제12조의 규정에 의한 경비지도사는 다음 각호와 같이 구분한다.

1. 일반경비지도사 : 다음 각목의 경비업무에 종사하는 경비원을 지도·감독 및 교육하는 경비지도사
 가. 시설경비업무
 나. 호송경비업무
 다. 신변보호업무
 라. 특수경비업무
2. 기계경비지도사 : 기계경비업무에 종사하는 경비원을 지도·감독 및 교육하는 경비지도사

제7조(특수경비원의 신체조건) 법 제10조제2항제4호에서 "행정안전부령이 정하는 신체조건"이라 함은 팔과 다리가 완전하고 두 눈의 맨눈시력 각각 0.2 이상 또는 교정시력 각각 0.8 이상을 말한다. 〈개정 2008.3.6, 2013.3.23, 2014.11.19, 2017.7.26〉
[전문개정 2003.11.17]

6. 다음 각 목의 어느 하나에 해당하는 죄를 범하여 벌금형을 선고받은 날부터 5년이 지나지 아니하거나 금고 이상의 형을 선고받고 그 집행이 유예된 날부터 5년이 지나지 아니한 자
  가. 「형법」 제329조부터 제331조까지, 제331조의2 및 제332조부터 제343조까지의 죄
  나. 가목의 죄로서 다른 법률에 따라 가중처벌되는 죄
  다. 삭제 〈2014.12.30.〉
  라. 삭제 〈2014.12.30.〉
7. 제5호 다목부터 바목까지의 어느 하나에 해당하는 죄를 범하여 치료감호를 선고받고 그 집행이 종료된 날 또는 집행이 면제된 날부터 10년이 지나지 아니한 자 또는 제6호 각 목의 어느 하나에 해당하는 죄를 범하여 치료감호를 선고받고 그 집행이 면제된 날부터 5년이 지나지 아니한 자
8. 이 법이나 이 법에 따른 명령을 위반하여 벌금형을 선고받은 날부터 5년이 지나지 아니하거나 금고 이상의 형을 선고받고 그 집행이 유예된 날부터 5년이 지나지 아니한 자

② 다음 각 호의 어느 하나에 해당하는 자는 특수경비원이 될 수 없다. 〈개정 2008.2.29, 2009.4.1, 2013.3.23, 2013.6.7, 2014.11.19, 2014.12.30, 2017.7.26〉
1. 만 18세 미만 또는 만 60세 이상인 자, 피성년후견인, 피한정후견인
2. 제1항제2호부터 제8호까지의 어느 하나에 해당하는 자
3. 금고 이상의 형의 선고유예를 받고 그 유예기간중에 있는 자
4. 행정안전부령이 정하는 신체조건에 미달되는 자

③ 경비업자는 제1항 각호 또는 제2항 각호의 결격사유에 해당하는 자를 경비지도사 또는 경비원으로 채용 또는 근무하게 하여서는 아니된다.

제11조(경비지도사의 시험 등) ①경비지도사는 제10조제1항 각호의 1에 해당하지 아니하는 자로서 경찰청장이 시행하는 경비지도사시험에 합격하고 행정안전부령으로 정하는 교육을 받은 자이어야 한다. 〈개정 2008.2.29, 2013.3.23, 2014.11.19, 2017.7.26〉

② 경찰청장은 제1항의 규정에 의한 교육을 받은 자에게 행정안전부령으로 정하는 바에 따라 경비지도사자격증을 교부하여야 한다. 〈개정 2008.2.29, 2013.3.23, 2014.11.19, 2017.7.26〉

③ 경비지도사시험은 매년 1회 이상 시행하며, 시험과목, 시험공고, 시험의 일부가 면제되는 자의 범위 그 밖에 경비지도사시험에 관하여 필요한 사항은 대통령령으로 정한다. 〈개정 2017.10.24〉

제11조(경비지도사시험의 시행 및 공고) ① 경찰청장은 경비지도사의 수급상황을 조사하여 경비지도사를 새로이 선발할 필요가 있다고 인정되는 때에는 법 제11조제1항의 규정에 의한 경비지도사시험(이하 "시험"이라 한다)의 실시계획을 수립하여야 한다.

② 경찰청장은 제1항의 규정에 의한 시험의 실시계획에 따라 시험을 실시하고자 하는 때에는 응시자격·시험과목·시험일시·시험장소 및 선발예정인원 등을 시험시행일 90일 전까지 공고하여야 한다. 〈개정 2012.5.1〉

③ 제2항의 규정에 의한 공고는 관보게재와 각 지방경찰청 게시판 및 인터넷 홈페이지에 게시하는 방법에 의한다.

제12조(시험의 방법 및 과목 등) ① 시험은 필기시험의 방법에 의하되, 제1차시험과 제2차시험으로 구분하여 실시한다. 이 경우 경찰청장이 필요하다고 인정하는 때에는 제1차시험과 제2차시험을 병합하여 실시할 수 있다.

② 제1차시험 및 제2차시험은 각각 선택형으로 하되, 제2차시험에 있어서는 선택형 외에 단답형을 추가할 수 있다.

③ 제1차시험 및 제2차시험의 과목은 별표 2와 같다.

④ 제2차시험은 제1차시험에 합격한 자에 대하여 실시한다. 다만, 제1항 후단의 규정에 의하여 제1차시험과 제2차시험을 병합하여 실시하는 경우에는 그러하지 아니하다.

⑤ 제1항 후단의 규정에 의하여 제1차시험과 제2차시험을 병합하여 실시하는 경우에는 제1차시험에 불합격한 자가 치른 제2차시험은 이를 무효로 한다.

⑥ 제1차시험에 합격한 자에 대하여는 다음 회의 시험에 한하여 제1차 시험을 면제한다. 〈신설 2003.11.11.〉

제8조(응시원서) 법 제11조의 규정에 의한 경비지도사시험에 응시하고자 하는 자는 별지 제8호서식의 응시원서(전자문서로 된 원서를 포함한다)를 경찰청장에게 제출하여야 한다. 〈개정 2004.12.10〉

제9조(경비지도사에 대한 교육) ① 법 제11조제1항에서 "행정안전부령이 정하는 교육"이라 함은 경비지도사에 대한 별표 1의 규정에 의한 과목 및 시간의 교육을 말한다. 〈개정 2008.3.6, 2013.3.23, 2014.11.19, 2017.7.26〉

② 제1항의 규정에 의한 교육에 소요되는 비용은 경비지도사의 교육을 받는 자의 부담으로 한다.

제13조(시험의 일부면제) 법 제11조제3항에 따라 다음 각 호의 어느 하나에 해당하는 사람은 경비지도사 제1차 시험을 면제한다. 〈개정 2013.3.23, 2014.11.19, 2017.7.26〉

1. 「경찰공무원법」에 따른 경찰공무원으로 7년 이상 재직한 사람
2. 「대통령 등의 경호에 관한 법률」에 따른 경호공무원 또는 별정직공무원으로 7년 이상 재직한 사람
3. 「군인사법」에 따른 각 군 전투병과 또는 헌병병과 부사관 이상 간부로 7년 이상 재직한 사람
4. 「경비업법」에 따른 경비업무에 7년 이상(특수경비업무의 경우에는 3년 이상) 종사하고 행정안전부령으로 정하는 교육과정을 이수한 사람
5. 「고등교육법」에 따른 대학 이상의 학교를 졸업한 사람으로서 재학 중 제12조제3항에 따른 경비지도사 시험과목을 3과목 이상을 이수하고 졸업한 후 경비업무에 종사한 경력이 3년 이상인 사람
6. 「고등교육법」에 따른 전문대학을 졸업한 사람으로서 재학 중 제12조제3항에 따른 경비지도사 시험과목을 3과목 이상을 이수하고 졸업한 후 경비업무에 종사한 경력이 5년 이상인 사람
7. 일반경비지도사의 자격을 취득한 후 기계경비지도사의 시험에 응시하는 사람 또는 기계경비지도사의 자격을 취득한 후 일반경비지도사의 시험에 응시하는 사람
8. 「공무원임용령」에 따른 행정직군 교정직렬 공무원으로 7년 이상 재직한 사람

[전문개정 2011.4.4]

제10조(경비지도사시험의 일부면제) 영 제13조제4호에서 "행정안전부령으로 정하는 교육과정을 이수한 사람"이란 다음 각 호의 어느 하나에 해당하는 사람을 말한다. 〈개정 2008.3.6, 2011.4.4, 2013.3.23, 2014.11.19〉

1. 고등교육법에 의한 전문대학 이상의 교육기관(경비지도사의 시험과목 3과목 이상이 개설된 교육기관에 한한다)에서 1년 이상의 경비업무 관련 과정을 마친 사람
2. 경찰청장이 지정하는 기관 또는 단체에서 실시하는 64시간 이상의 경비지도사 양성과정을 마치고 수료시험에 합격한 사람

제11조(경비지도사자격증의 교부) 경찰청장은 법 제11조의 규정에 의한 경비지도사시험에 합격하고 제9조의 규정에 의한 경비지도사 교육을 받은 자에 대하여는 별지 제9호서식의 경비지도사 자격증 교부대장에 소정의 사항을 기재한 후, 별지 제10호서식의 경비지도사 자격증을 교부하여야 한다.

제14조(시험합격자의 결정) ① 제1차시험의 합격결정에 있어서는 매 과목 100점을 만점으로 하며, 매과목 40점 이상, 전과목 평균 60점 이상 득점한 자를 합격자로 결정한다.

② 제2차시험의 합격결정에 있어서는 선발예정인원의 범위안에서 60점 이상을 득점한 자중에서 고득점 순으로 합격자를 결정한다. 이 경우 동점자로 인하여 선발예정인원이 초과되는 때에는 동점자 모두를 합격자로 한다.

③ 경찰청장은 제2차시험에 합격한 자에 대하여 합격공고를 하고, 합격 및 교육소집 통지서를 교부하여야 한다.

제15조(시험출제위원의 임명 · 위촉 등) ① 경찰청장은 시험문제의 출제를 위하여 다음 각호의 1에 해당하는 자중에서 시험출제위원을 임명 또는 위촉한다.

1. 고등교육법에 의한 전문대학 이상의 교육기관에서 경찰행정학과 등 경비업무 관련학과 및 법학과의 부교수(전문대학의 경우에는 교수) 이상으로 재직하고 있는 자
2. 석사 이상의 학위소지자로 경찰청장이 정하는 바에 의하여 경비업무에 관한 연구실적이나 전문경력이 인정되는 자
3. 방범·경비업무를 3년 이상 담당한 경감 이상 경찰공무원의 경력이 있는 자

② 제1항의 규정에 의한 시험출제위원의 수는 시험과목별로 2인 이상으로 한다.

③ 시험출제위원으로 임명 또는 위촉된 자는 경찰청장이 정하는 준수사항을 성실히 이행하여야 한다.

제12조(경비지도사의 선임 등) ① 경비업자는 대통령령이 정하는 바에 따라 경비지도사를 선임하여야 한다.

② 제1항의 규정에 의하여 선임된 경비지도사의 직무는 다음과 같다. 〈개정 2013.6.7〉

1. 경비원의 지도·감독·교육에 관한 계획의 수립·실시 및 그 기록의 유지
2. 경비현장에 배치된 경비원에 대한 순회점검 및 감독
3. 경찰기관 및 소방기관과의 연락방법에 대한 지도
4. 집단민원현장에 배치된 경비원에 대한 지도·감독
5. 그 밖에 대통령령이 정하는 직무

③ 선임된 경비지도사는 제2항 각호의 규정에 의한 직무를 대통령령이 정하는 바에 따라 성실하게 수행하여야 한다.

④ 시험출제위원과 시험관리업무에 종사하는 자에 대하여는 예산의 범위안에서 수당과 여비를 지급할 수 있다. 다만, 공무원인 위원이 그 소관업무와 직접적으로 관련하여 시험관리업무에 종사하는 경우에는 그러하지 아니하다.

제16조(경비지도사의 선임·배치) ①경비업자는 법 제12조제1항의 규정에 의하여 별표 3의 기준에 따라 경비지도사를 선임·배치하여야 한다.

② 경비업자는 제1항의 규정에 의하여 선임·배치된 경비지도사에 결원이 있거나 자격정지 등의 사유로 그 직무를 수행할 수 없는 때에는 15일 이내에 경비지도사를 새로이 충원하여야 한다.

제17조(경비지도사의 직무 및 준수사항) ①법 제12조제2항제5호에서 "대통령령이 정하는 직무"란 다음 각 호의 직무를 말한다. 〈개정 2014.6.3〉

1. 기계경비업무를 위한 기계장치의 운용·감독(기계경비지도사의 경우에 한한다)
2. 오경보방지 등을 위한 기기관리의 감독(기계경비지도사의 경우에 한한다)

② 경비지도사는 법 제12조제3항에 따라 같은 조 제2항제1호·제2호의 직무 및 제1항 각 호의 직무를 월 1회 이상 수행하여야 한다. 〈개정 2011.4.4〉

③ 경비지도사는 법 제12조제2항제1호에 따라 경비원에 대한 교육을 실시하고, 행정안전부령으로 정하는 경비원 직무교육 실시대장에 그 내용을 기록하여 2년간 보존하여야 한다. 〈신설 2011.4.4, 2013.3.23, 2014.11.19, 2017.7.26〉

제11조의2(경비원 직무교육 실시대장) 영 제17조제3항에 따른 경비원 직무교육 실시대장은 별지 제10호의2서식에 따른다.

[본조신설 2011.4.4]

제13조(경비원의 교육 등) ① 경비업자는 경비업무를 적정하게 실시하기 위하여 경비원으로 하여금 대통령령으로 정하는 바에 따라 경비원 신임교육 및 직무교육을 받게 하여야 한다. 다만, 경비원으로 채용 전 신임교육을 받은 사람으로서 3년 이내에 경비업무에 종사한 경력이 있는 사람에게는 신임교육을 실시하지 않을 수 있다 〈개정 2013.6.7.〉

② 누구든지 경비원으로 채용되기 전에 경비원 신임교육을 받으려는 사람은 대통령령으로 정하는 교육기관에서 해당 교육을 받을 수 있다.

③ 특수경비업자는 대통령령으로 정하는 바에 따라 특수경비원으로 하여금 특수경비원 신임교육과 정기적인 직무교육을 받게 하여야 하고, 특수경비원 신임교육을 받지 아니한 자를 특수경비업무에 종사하게 하여서는 아니 된다. 〈개정 2013.6.7.〉

④ 제2항에 의한 특수경비원의 교육시 관할경찰서 소속 경찰공무원이 교육기관에 입회하여 대통령령이 정하는 바에 따라 지도·감독하여야 한다.

제18조(일반경비원에 대한 교육) 경비업자는 일반경비원을 채용한 경우 법 제13조제1항 본문에 따라 해당 일반경비원에게 경비업자의 부담으로 다음 각 호의 기관 또는 단체에서 실시하는 일반경비원 신임교육을 받도록 하여야 한다. 〈개정 2016.6.28.〉

1. 법 제22조제1항에 따른 경비협회
2. 「경찰공무원 교육훈련규정」 제2조제3호에 따른 경찰교육기관
3. 경비업무 관련 학과가 개설된 대학 등 경비원에 대한 교육을 전문적으로 수행할 수 있는 인력과 시설을 갖춘 기관 또는 단체 중 경찰청장이 지정하여 고시하는 기관 또는 단체

② 경비업자는 법 제13조제1항 단서에 따라 다음 각 호의 어느 하나에 해당하는 사람을 일반경비원으로 채용한 경우에는 해당 일반경비원을 일반경비원 신임교육 대상에서 제외할 수 있다. 〈개정 2016.6.28.〉

1. 법 제13조제1항 본문 및 같은 조 제3항에 따른 일반경비원 또는 특수경비원 신임교육을 받은 사람으로서 채용 전 3년 이내에 경비업무에 종사한 경력이 있는 사람
2. 「경찰공무원법」에 따른 경찰공무원으로 근무한 경력이 있는 사람
3. 「대통령 등의 경호에 관한 법률」에 따른 경호공무원 또는 별정직공무원으로 근무한 경력이 있는 사람
4. 「군인사법」에 따른 부사관 이상으로 근무한 경력이 있는 사람
5. 경비지도사 자격이 있는 사람
6. 채용 당시 법 제13조제2항에 따른 일반경비원 신임교육을 받은 지 3년이 지나지 아니한 사람

③ 경비업자는 법 제13조제1항에 따라 소속 일반경비원에게 법 제12조에 따라 선임한 경비지도사가 수립한 교육계획에 따라 매월 행정안전부령으로 정하는 시간 이상의 직무교육을 받도록 하여야 한다. 〈개정 2014.11.19, 2016.6.28, 2017.7.26〉

제12조(일반경비원에 대한 신임교육의 실시 등) ①영 제18조제4항의 규정에 의한 일반경비원 신임교육의 과목 및 시간은 별표 2와 같다.

② 경찰청장은 일반경비원에 대한 신임교육의 실시를 위하여 연도별 교육계획을 수립하고, 영 제18조제1항에 따른 일반경비원 신임교육 기관 또는 단체가 교육계획에 따라 교육을 실시하도록 하여야 한다. 〈개정 2006.2.2, 2014.6.5〉

③ 삭제 〈2014.6.5〉

④ 영 제18조제1항에 따른 일반경비원 신임교육 기관 또는 단체의 장은 제1항에 따른 일반경비원 신임교육과정을 마친 사람에게 별지 제11호서식의 신임교육이수증을 교부하고 그 사실을 별지 제12호서식의 신임교육이수증 교부대장에 기록하여야 한다. 〈개정 2014.6.5〉

⑤ 경비업자는 일반경비원이 제1항의 규정에 의한 신임교육을 받은 때에는 제23조제1항의 규정에 의한 경비원의 명부에 그 사실을 기재하여야 한다.

제13조(일반경비원에 대한 직무교육의 시간 등) ① 영 제18조제3항에서 "행정안전부령으로 정하는 시간"이란 4시간을 말한다. 〈개정 2014.6.5, 2014.11.19〉

② 영 제18조제4항에 따른 일반경비원에 대한 직무교육의 과목은 일반경비원의 직무수행에 필요한 이론·실무과목, 그 밖에 정신교양 등으로 한다. 〈신설 2011.1.26〉

[제목개정 2011.1.26]

④ 법 제13조제2항에서 "대통령령으로 정하는 교육기관"이란 제18조제1항 각 호의 기관 또는 단체를 말한다. 〈신설 2016.6.28.〉

⑤ 제1항에 따른 신임교육의 과목 및 시간, 제3항에 따른 직무교육의 과목 등 일반경비원의 교육 실시에 필요한 사항은 행정안전부령으로 정한다. 〈개정 2014.11.19, 2016.6.28, 2017.7.26〉 [전문개정 2014.6.3.]

제19조(특수경비원에 대한 교육) ① 특수경비업자는 특수경비원을 채용한 경우 법 제13조제3항에 따라 해당 특수경비원에게 특수경비업자의 부담으로 다음 각 호의 기관 또는 단체에서 실시하는 특수경비원 신임교육을 받도록 하여야 한다. 〈개정 2014.11.19, 2016.6.28, 2017.7.26〉

1. 「경찰공무원 교육훈련규정」 제2조제3호에 따른 경찰교육기관
2. 행정안전부령으로 정하는 기준에 적합한 기관 또는 단체 중 경찰청장이 지정하여 고시하는 기관 또는 단체

② 제1항에도 불구하고 특수경비업자는 채용 전 3년 이내에 특수경비업무에 종사하였던 경력이 있는 사람을 특수경비원으로 채용한 경우에는 해당 특수경비원을 특수경비원 신임교육 대상에서 제외할 수 있다.

③ 특수경비업자는 법 제13조제3항에 따라 소속 특수경비원에게 법 제12조에 따라 선임한 경비지도사가 수립한 교육계획에 따라 매월 행정안전부령으로 정하는 시간 이상의 직무교육을 받도록 하여야 한다. 〈개정 2014.11.19, 2016.6.28, 2017.7.26〉

④ 제1항에 따른 신임교육의 과목 및 시간, 제3항에 따른 직무교육의 과목 등 특수경비원의 교육 실시에 필요한 사항은 행정안전부령으로 정한다. 〈개정 2014.11.19, 2017.7.26〉

[전문개정 2014.6.3.]

제14조(특수경비원에 대한 신임교육의 실시 등)

① 영 제19조제1항에 의한 특수경비원 신임교육의 과정을 개설하고자 하는 기관 또는 단체는 별표 3의 규정에 의한 시설 등을 갖추고 경찰청장에게 지정을 요청하여야 한다.

② 경찰청장은 제1항의 규정에 의한 교육과정을 개설하고자 하는 기관 또는 단체가 동항의 규정에 의한 지정을 요청한 때에는 별표 3의 규정에 의한 기준에 적합한 지의 여부를 확인한 후 그 기준에 적합한 경우 이를 특수경비원 신임교육을 실시할 수 있는 기관 또는 단체로 지정할 수 있다. 〈개정 2006.2.2〉

③ 제2항의 규정에 의하여 지정을 받은 기관 또는 단체는 신임교육의 과정에서 필요한 경우에는 관할 경찰관서장에게 경찰관서 시설물의 이용이나 전문적인 소양을 갖춘 경찰관의 파견을 요청할 수 있다. 〈개정 2006.2.2〉

제15조(특수경비원 교육과목 등) ①영 제19조제4항의 규정에 의한 특수경비원 신임교육의 과목 및 시간은 별표 4와 같다.

② 영 제19조제1항에 따른 특수경비원 신임교육기관 또는 단체의 장은 제1항에 따른 특수경비원 신임교육과정을 마친 사람에게 별지 제11호서식의 신임교육이수증을 교부하고 그 사실을 별지 제12호서식의 신임교육이수증 교부대장에 기록하여야 한다. 〈개정 2014.6.5〉

③ 경비업자는 특수경비원이 제1항의 규정에 의한 신임교육을 받은 때에는 제23조제1항의 규정에 의한 경비원의 명부에 그 사실을 기재하여야 한다.

제16조(특수경비원에 대한 직무교육의 시간 등) ①영 제19조제3항에서 "행정안전부령으로 정하는 시간"이란 6시간을 말한다. 〈개정 2008.3.6, 2011.1.26, 2013.3.23, 2014.6.5, 2014.11.19〉

② 관할경찰서장 및 공항경찰대장 등 국가중요시설의 경비책임자(이하 "관할경찰관서장"이라 한다)는 필요하다고 인정하는 경우에는 특수경비원이 배치된 경비대상시설에 소속공무원을 파견하여 직무집행에 필요한 교육을 실시할 수 있다.

③ 영 제19조제4항에 따른 특수경비원에 대한 직무교육의 과목은 특수경비원의 직무수행에 필요한 이론·실무과목, 그 밖에 정신교양 등으로 한다. 〈신설 2011.1.26〉

[제목개정 2011.1.26]

제14조(특수경비원의 직무 및 무기사용 등) ① 특수경비업자는 특수경비원으로 하여금 배치된 경비구역안에서 관할 경찰서장 및 공항경찰대장 등 국가중요시설의 경비책임자(이하 "관할 경찰관서장"이라 한다)와 국가중요시설의 시설주의 감독을 받아 시설을 경비하고 도난·화재 그 밖의 위험의 발생을 방지하는 업무를 수행하게 하여야 한다.

② 특수경비원은 국가중요시설에 대한 경비업무 수행중 국가중요시설의 정상적인 운영을 해치는 장해를 일으켜서는 아니된다.

③ 지방경찰청장은 국가중요시설에 대한 경비업무의 수행을 위하여 필요하다고 인정하는 때에는 시설주의 신청에 의하여 무기를 구입한다. 이 경우 시설주는 그 무기의 구입대금을 지불하고, 구입한 무기를 국가에 기부채납하여야 한다.

제20조(특수경비원 무기휴대의 절차 등) ① 시설주는 법 제14조제4항의 규정에 의하여 특수경비원이 휴대할 무기를 대여받고자 하는 때에는 무기대여신청서를 관할경찰서장 및 공항경찰대장 등 국가중요시설의 경비책임자(이하 "관할경찰관서장"이라 한다)를 거쳐 지방경찰청장에게 제출하여야 한다.

② 시설주는 법 제14조제4항의 규정에 의하여 관할경찰관서장으로부터 대여받은 무기를 특수경비원에게 휴대하게 하는 경우에는 동조제9항의 규정에 의하여 관할경찰관서장의 사전승인을 얻어야 한다.

제17조(무기대여신청서) 영 제20조제1항의 규정에 의한 무기대여신청서는 별지 제13호서식에 의한다.

제18조(무기의 관리수칙 등) ① 법 제14조제4항의 규정에 의하여 무기를 대여받은 국가중요시설의 시설주(이하 "시설주"라 한다) 또는 동조제7항의 규정에 의한 관리책임자(이하 "관리책임자"라 한다)는 다음 각호의 관리수칙에 따라 무기(탄약을 포함한다. 이하 같다)를 관리하여야 한다.

1. 무기의 관리를 위한 책임자를 지정하고 관할경찰관서장에게 이를 통보할 것
2. 무기고 및 탄약고는 단층에 설치하고 환기·방습·방화 및 총가 등의 시설을 할 것
3. 탄약고는 무기고와 사무실 등 많은 사람을 수용하거나 많은 사람이 오고 가는 시설과 떨어진 곳에 설치할 것

④ 지방경찰청장은 국가중요시설에 대한 경비업무의 수행을 위하여 필요하다고 인정하는 때에는 관할경찰관서장으로 하여금 시설주의 신청에 의하여 시설주로부터 국가에 기부채납된 무기를 대여하게 하고, 시설주는 이를 특수경비원으로 하여금 휴대하게 할 수 있다. 이 경우 특수경비원은 정당한 사유없이 무기를 소지하고 배치된 경비구역을 벗어나서는 아니된다.

⑤ 시설주가 제4항의 규정에 의하여 대여받은 무기에 대하여 시설주 및 관할 경찰관서장은 무기의 관리책임을 지고, 관할 경찰관서장은 시설주 및 특수경비원의 무기관리상황을 대통령령이 정하는 바에 따라 지도·감독하여야 한다. 〈개정 2014.12.30.〉

⑥ 관할 경찰관서장은 무기의 적정한 관리를 위하여 제4항의 규정에 의하여 무기를 대여받은 시설주에 대하여 필요한 명령을 발할 수 있다. 〈개정 2014.12.30.〉

⑦ 시설주로부터 무기의 관리를 위하여 지정받은 책임자(이하 "관리책임자"라 한다)는 다음 각호에 의하여 이를 관리하여야 한다.

1. 무기출납부 및 무기장비운영카드를 비치·기록하여야 한다.
2. 무기는 관리책임자가 직접 지급·회수하여야 한다.

⑧ 특수경비원은 국가중요시설의 경비를 위하여 무기를 사용하지 아니하고는 다른 수단이 없다고 인정되는 때에는 필요한 한도안에서 무기를 사용할 수 있다. 다만, 다음 각호의 1에 해당하는 때를 제외하고는 사람에게 위해를 끼쳐서는 아니된다.

③ 제2항의 규정에 의한 사전승인을 함에 있어서 관할경찰관서장은 국가중요시설에 총기 또는 폭발물의 소지자나 무장간첩 침입의 우려가 있는지의 여부 등을 고려하는 등 특수경비원에게 무기를 지급하여야 할 필요성이 있는지의 여부에 관하여 판단하여야 한다.

④ 시설주는 제3항의 규정에 의한 무기지급의 필요성이 해소되었다고 인정되는 때에는 특수경비원으로부터 즉시 무기를 회수하여야 한다.

⑤ 법 제14조제9항의 규정에 의하여 특수경비원이 휴대할 수 있는 무기종류는 권총 및 소총으로 한다.

⑥ 「위해성 경찰장비의 사용기준 등에 관한 규정」 제18조 및 별표 2의 규정은 법 제14조제9항의 규정에 의한 안전검사의 기준에 관하여 이를 준용한다. 〈개정 2014.11.19〉

⑦ 시설주, 법 제14조제7항의 규정에 의한 관리책임자와 특수경비원은 행정안전부령이 정하는 무기관리수칙을 준수하여야 한다. 〈개정 2008.2.29, 2013.3.23, 2014.11.19, 2017.7.26〉

제21조(무기관리에 대한 지도·감독) 관할경찰관서장은 법 제14조제5항의 규정에 의하여 시설주 및 특수경비원의 무기관리상황을 매월 1회 이상 점검하여야 한다.

4. 무기고 및 탄약고에는 이중 시건장치를 하여야 하며, 열쇠는 관리책임자가 보관하되, 근무시간 이후에는 열쇠를 당직책임자에게 인계하여 보관시킬 것
5. 관할경찰관서장이 정하는 바에 의하여 무기의 관리실태를 매월 파악하여 다음 달 3일까지 관할경찰관서장에게 통보할 것
6. 대여받은 무기를 빼앗기거나 대여받은 무기가 분실·도난 또는 훼손되는 등의 사고가 발생한 때에는 관할경찰관서장에게 그 사유를 지체없이 통보할 것
7. 대여받은 무기를 빼앗기거나 대여받은 무기가 분실·도난 또는 훼손된 때에는 경찰청장이 정하는 바에 의하여 그 전액을 배상할 것. 다만, 전시·사변, 천재·지변 그 밖의 불가항력의 사유가 있다고 지방경찰청장이 인정한 때에는 그러하지 아니하다.
8. 시설주는 자체계획을 수립하여 보관하고 있는 무기를 매주 1회 이상 손질할 수 있게 할 것

② 시설주 또는 관리책임자는 고의 또는 과실로 무기(부속품을 포함한다)를 빼앗기거나 무기가 분실·도난 또는 훼손되도록 한 특수경비원에 대하여 특수경비업자에게 교체 또는 징계 등의 조치를 요청할 수 있다. 이 경우 특수경비업자는 특별한 사유가 없는 한 이에 응하여야 한다.

③ 법 제14조제4항의 규정에 의하여 무기를 대여받은 시설주 또는 관리책임자가 특수경비원에게 무기를 출납하고자 하는 때에는 다음 각호의 관리수칙에 따라 무기를 관리하여야 한다.

1. 관할경찰관서장이 무기를 회수하여 집중적으로 관리하도록 지시하는 경우 또는 출납하는 탄약의 수를 증감하거나 출납을 중지하도록 지시하는 경우에는 이에 따를 것

1. 무기 또는 폭발물을 소지하고 국가중요시설에 침입한 자가 특수경비원으로부터 3회 이상 투기(投棄) 또는 투항(投降)을 요구받고도 이에 불응하면서 계속 항거하는 경우 이를 억제하기 위하여 무기를 사용하지 아니하고는 다른 수단이 없다고 인정되는 때
2. 국가중요시설에 침입한 무장간첩이 특수경비원으로부터 투항(投降)을 요구받고도 이에 불응한 때

⑨ 특수경비원의 무기휴대, 무기종류, 그 사용기준 및 안전검사의 기준 등에 관하여 필요한 사항은 대통령령으로 정한다.

2. 탄약의 출납은 소총에 있어서는 1정당 15발 이내, 권총에 있어서는 1정당 7발 이내로 하되, 생산된 후 오래된 탄약을 우선적으로 출납할 것
3. 무기를 지급받은 특수경비원으로 하여금 무기를 매주 1회 이상 손질하게 할 것
4. 수리가 필요한 무기가 있는 때에는 그 목록과 무기장비운영카드를 첨부하여 관할경찰관서장에게 수리를 요청할 것

④ 법 제14조제4항의 규정에 의하여 시설주로부터 무기를 지급받은 특수경비원은 다음 각호의 관리수칙에 따라 무기를 관리하여야 한다.

1. 무기를 지급받거나 반납하는 때 또는 무기의 인계 인수를 하는 때에는 반드시 "앞에 총"의 자세에서 "검사 총"을 할 것
2. 무기를 지급받은 때에는 별도의 지시가 없는 한 탄약은 무기로부터 분리하여 휴대하여야 하며, 소총은 "우로 어깨걸어 총"의 자세를 유지하고, 권총은 "권총집에 넣어 총"의 자세를 유지할 것
3. 지급받은 무기를 다른 사람에게 보관·휴대 또는 손질시키지 아니할 것
4. 무기를 손질 또는 조작하는 때에는 총구를 반드시 공중으로 향하게 할 것
5. 무기를 반납하는 때에는 손질을 철저히 한 후 반납하도록 할 것
6. 근무시간 이후에는 무기를 시설주에게 반납하거나 교대근무자에게 인계할 것

⑤ 시설주는 다음 각호의 1에 해당하는 특수경비원에 대하여 무기를 지급하여서는 아니되며, 지급된 무기가 있는 경우 이를 즉시 회수하여야 한다.

제15조(특수경비원의 의무) ①특수경비원은 직무를 수행함에 있어 시설주·관할 경찰관서장 및 소속상사의 직무상 명령에 복종하여야 한다.

② 특수경비원은 소속상사의 허가 또는 정당한 사유없이 경비구역을 벗어나서는 아니된다.

③ 특수경비원은 파업·태업 그 밖에 경비업무의 정상적인 운영을 저해하는 일체의 쟁의행위를 하여서는 아니된다.

④ 특수경비원이 무기를 휴대하고 경비업무를 수행하는 때에는 다음 각호의 1에 정하는 무기의 안전사용수칙을 지켜야 한다.

1. 특수경비원은 사람을 향하여 권총 또는 소총을 발사하고자 하는 때에는 미리 구두 또는 공포탄에 의한 사격으로 상대방에게 경고하여야 한다. 다만, 다음 각목의 1에 해당하는 경우로서 부득이한 때에는 경고하지 아니할 수 있다.

가. 특수경비원을 급습하거나 타인의 생명·신체에 대한 중대한 위험을 야기하는 범행이 목전에 실행되고 있는 등 상황이 급박하여 경고할 시간적 여유가 없는 경우

1. 형사사건으로 인하여 조사를 받고 있는 사람
2. 사의를 표명한 사람
3. 정신질환자
4. 그 밖에 무기를 지급하기에 부적합하다고 인정되는 사람

⑥ 시설주는 무기를 수송하는 때에는 출발하기 전에 관할경찰서장에게 그 사실을 통보하여야 하며, 통보를 받은 관할경찰서장은 1인 이상의 무장경찰관을 무기를 수송하는 자동차 등에 함께 타도록 하여야 한다.

나. 인질·간첩 또는 테러사건에 있어서 은밀히 작전을 수행하는 경우

2. 특수경비원은 무기를 사용하는 경우에 있어서 범죄와 무관한 다중의 생명·신체에 위해를 가할 우려가 있는 때에는 이를 사용하여서는 아니된다. 다만, 무기를 사용하지 아니하고는 타인 또는 특수경비원의 생명·신체에 대한 중대한 위협을 방지할 수 없다고 인정되는 때에는 필요한 최소한의 범위 안에서 이를 사용할 수 있다.
3. 특수경비원은 총기 또는 폭발물을 가지고 대항하는 경우를 제외하고는 14세 미만의 자 또는 임산부에 대하여는 권총 또는 소총을 발사하여서는 아니된다.

제15조의2(경비원 등의 의무) ①경비원은 직무를 수행함에 있어 타인에게 위력을 과시하거나 물리력을 행사하는 등 경비업무의 범위를 벗어난 행위를 하여서는 아니된다.

② 누구든지 경비원으로 하여금 경비업무의 범위를 벗어난 행위를 하게 하여서는 아니된다.

[본조신설 2005.8.4]

제16조(경비원의 복장 등) ① 경비업자는 경찰공무원 또는 군인의 제복과 색상 및 디자인 등이 명확히 구별되는 소속 경비원의 복장을 정하고 이를 확인할 수 있는 사진을 첨부하여 주된 사무소를 관할하는 지방경찰청장에게 행정안전부령으로 정하는 바에 따라 신고하여야 한다. 〈개정 2014.11.19, 2017.7.26〉

제19조(경비원의 복장 등 신고 등) ① 법 제16조 제1항에 따라 경비원의 복장 신고(변경신고를 포함한다)를 하려는 경비업자는 소속 경비원에게 복장을 착용하도록 하기 전에 별지 제13호의2서식의 경비원 복장 등 신고서(전자문서로 된 신고서를 포함한다. 이하 같다)를 경비업자의 주된 사무소를 관할하는 지방경찰청장에게 제출하여야 한다.

② 경비업자는 경비업무 수행 시 경비원에게 소속 경비업체를 표시한 이름표를 부착하도록 하고, 제1항에 따라 신고된 동일한 복장을 착용하게 하여야 하며, 복장에 소속 회사를 오인할 수 있는 표시를 하거나 다른 회사의 복장을 착용하게 하여서는 아니 된다. 다만, 집단민원현장이 아닌 곳에서 신변보호업무를 수행하는 경우 또는 경비업무의 성격상 부득이한 사유가 있어 관할 경찰관서장이 허용하는 경우에는 그러하지 아니하다.
③ 지방경찰청장은 제1항에 따라 제출받은 사진을 검토한 후 경비업자에게 복장 변경 등에 대한 시정명령을 할 수 있다.
④ 제3항에 따른 시정명령을 받은 경비업자는 이를 이행하여야 하고, 지방경찰청장에게 행정안전부령으로 정하는 바에 따라 이행보고를 하여야 한다. 〈개정 2014.11.19, 2017.7.26〉
⑤ 그 밖에 경비원의 복장 등에 필요한 사항은 행정안전부령으로 정한다. 〈개정 2014.11.19, 2017.7.26〉
[전문개정 2013.6.7]

제16조의2(경비원의 장비 등) ① 경비원이 휴대할 수 있는 장비의 종류는 경적·단봉·분사기 등 행정안전부령으로 정하되, 근무 중에만 이를 휴대할 수 있다. 〈개정 2014.11.19, 2017.7.26〉
② 경비업자가 경비원으로 하여금 분사기를 휴대하여 직무를 수행하게 하는 경우에는 「총포·도검·화약류 등의 안전관리에 관한 법률」에 따라 미리 분사기의 소지허가를 받아야 한다.
③ 누구든지 제1항의 장비를 임의로 개조하여 통상의 용법과 달리 사용함으로써 다른 사람의 생명·신체에 위해를 가하여서는 아니 된다.

② 법 제16조제4항에 따라 경비원 복장 시정명령에 대한 이행보고를 하려는 경비업자는 별지 제13호의3서식의 시정명령 이행보고서(전자문서로 된 보고서를 포함한다. 이하 같다)에 이행사실을 입증할 수 있는 사진 등의 서류를 첨부하여 시정명령을 한 지방경찰청장에게 제출하여야 한다.
③ 경비업자는 제1항에 따른 신고서 또는 제2항에 따른 이행보고서를 경비업자의 주된 사무소를 관할하는 지방경찰청장 소속 경찰서장을 거쳐 제출할 수 있다. 이 경우 신고서 또는 이행보고서를 받은 경찰서장은 지체 없이 경비업자의 주된 사무소를 관할하는 지방경찰청장에게 해당 신고서 또는 이행보고서를 보내야 한다.
④ 경비원은 경비업무 수행 시 이름표를 경비원 복장의 상의 가슴 부위에 부착하여 경비원의 이름을 외부에서 알아볼 수 있도록 하여야 한다.
[전문개정 2014.6.5]

제20조(경비원의 휴대장비) ① 법 제16조의2제1항에 따라 경비원은 근무 중 경적, 단봉, 분사기, 안전방패, 무전기 및 그 밖에 경비 업무 수행에 필요한 것으로서 공격적인 용도로 제작되지 아니하는 장비를 휴대할 수 있으며, 안전모 및 방검복 등 안전장비를 착용할 수 있다.
② 제1항에 따른 경비원 장비의 구체적인 기준은 별표 5에 따른다.
[전문개정 2014.6.5]

④ 경비원은 경비업무를 위하여 필요하다고 인정되는 상당한 이유가 있을 때에는 필요한 최소한도에서 제1항의 장비를 사용할 수 있다.

⑤ 그 밖에 경비원의 장비 등에 관하여 필요한 사항은 행정안전부령으로 정한다. 〈개정 2014.11.19, 2017.7.26〉

[본조신설 2013.6.7]

제16조의3(출동차량 등) ① 경비업자는 출동차량 등의 도색 및 표지를 경찰차량 및 군차량과 명확히 구별될 수 있게 하여야 한다.

② 경비업자는 출동차량 등의 도색 및 표지를 정하고 이를 확인할 수 있는 사진을 첨부하여 주된 사무소를 관할하는 지방경찰청장에게 행정안전부령으로 정하는 바에 따라 신고하여야 한다. 〈개정 2014.11.19, 2017.7.26〉

③ 지방경찰청장은 제2항에 따라 제출받은 사진을 검토한 후 경비업자에게 도색 및 표지 변경 등에 대한 시정명령을 할 수 있다.

④ 제3항에 따른 시정명령을 받은 경비업자는 이를 이행하여야 하고, 지방경찰청장에게 행정안전부령으로 정하는 바에 따라 이행보고를 하여야 한다. 〈개정 2014.11.19, 2017.7.26〉

⑤ 그 밖에 출동차량 등에 필요한 사항은 행정안전부령으로 정한다. 〈개정 2014.11.19, 2017.7.26〉

[본조신설 2013.6.7]

제21조(출동차량 등의 신고 등) ① 법 제16조의3 제2항에 따라 출동차량 등에 대한 신고(변경신고를 포함한다)를 하려는 경비업자는 출동차량 등을 운행하기 전에 별지 제13호의4서식의 출동차량등 신고서(전자문서로 된 신고서를 포함한다. 이하 같다)를 경비업자의 주된 사무소를 관할하는 지방경찰청장에게 제출하여야 한다.

② 법 제16조의3제4항에 따라 출동차량 등의 시정명령에 대한 이행보고를 하려는 경비업자는 별지 제13호의3서식의 시정명령 이행보고서에 이행사실을 입증할 수 있는 사진 등의 서류를 첨부하여 시정명령을 한 지방경찰청장에게 제출하여야 한다.

③ 경비업자는 제1항에 따른 신고서 및 제2항에 따른 이행보고서를 경비업자의 주된 사무소를 관할하는 지방경찰청장 소속의 경찰서장을 거쳐 제출할 수 있다. 이 경우 신고서 또는 이행보고서를 받은 경찰서장은 지체 없이 경비업자의 주된 사무소를 관할하는 지방경찰청장에게 해당 신고서 또는 이행보고서를 보내야 한다.

[전문개정 2014.6.5]

제17조(결격사유 확인을 위한 범죄경력조회 등) ① 경찰청장, 지방경찰청장 또는 관할 경찰관서장은 직권으로 또는 제2항에 따른 범죄경력조회 요청이 있는 경우에는 경비업자의 임원, 경비지도사 또는 경비원이 제5조제3호·제4호, 제10조제1항제3호부터 제8호까지 또는 같은 조 제2항제2호·제3호에 따른 결격사유에 해당하는지를 확인하기 위하여 「형의 실효 등에 관한 법률」 제6조에 따른 범죄경력조회를 할 수 있다.

② 경비업자는 선출·선임·채용 또는 배치하려는 임원, 경비지도사 또는 경비원이 제5조제3호·제4호, 제10조제1항제3호부터 제8호까지 또는 같은 조 제2항제2호·제3호에 따른 결격사유에 해당하는지를 확인하기 위하여 주된 사무소, 출장소 또는 배치장소를 관할하는 지방경찰청장 또는 경찰관서장에게 「형의 실효 등에 관한 법률」 제6조에 따른 범죄경력조회를 요청할 수 있다.

③ 제2항에 따른 범죄경력조회 요청을 받은 지방경찰청장 또는 관할 경찰관서장은 경비업자에게 그 결과를 통보할 때에는 경비업자의 임원, 경비지도사 또는 경비원이 제5조제3호·제4호, 제10조제1항제3호부터 제8호까지 또는 같은 조 제2항제2호·제3호에 따른 결격사유에 해당하는지 여부만을 통보하여야 한다.

④ 지방경찰청장 또는 관할 경찰관서장은 경비업자의 임원, 경비지도사 또는 경비원이 제5조 각 호, 제10조제1항 각 호 또는 제2항 각 호의 결격사유에 해당하는 사실을 알게 되거나 이 법 또는 이 법에 따른 명령을 위반한 때에는 경비업자에게 그 사실을 통보하여야 한다.

[전문개정 2013.6.7]

제22조(결격사유 확인을 위한 범죄경력조회 요청) ① 법 제17조제2항에 따른 범죄경력조회 요청은 별지 제13호의5서식의 범죄경력조회 신청서(전자문서로 된 신청서를 포함한다)에 따른다.

② 경비업자는 제1항에 따라 범죄경력조회를 요청하는 경우 다음 각 호의 서류를 첨부하여야 한다.

1. 경비업 허가증 사본
2. 별지 제13호의6서식의 취업자 또는 취업예정자 범죄경력조회 동의서

[전문개정 2014.6.5]

제18조(경비원의 명부와 배치허가 등) ① 경비업자는 행정안전부령으로 정하는 바에 따라 경비원의 명부를 작성·비치하여야 한다. 다만, 집단민원현장에 배치되는 일반경비원의 명부는 그 경비원이 배치되는 장소에도 작성·비치하여야 한다. 〈개정 2008.2.29, 2013.3.23, 2013.6.7, 2014.11.19, 2017.7.26〉

② 경비업자가 경비원을 배치하거나 배치를 폐지한 경우에는 행정안전부령으로 정하는 바에 따라 관할 경찰관서장에게 신고하여야 한다. 다만, 다음 제1호의 경우에는 경비원을 배치하기 48시간 전까지 행정안전부령으로 정하는 바에 따라 배치허가를 신청하고, 관할 경찰관서장의 배치허가를 받은 후에 경비원을 배치하여야 하며(제2호 및 제3호의 경우에는 경비원을 배치하기 전까지 신고하여야 한다), 이 경우 관할 경찰관서장은 배치허가를 함에 있어 필요한 조건을 붙일 수 있다. 〈개정 2005.8.4, 2008.2.29, 2013.3.23, 2013.6.7, 2014.11.19, 2017.7.26〉

1. 제2조제1호가목에 따른 시설경비업무 또는 같은 호 다목에 따른 신변보호업무 중 집단민원현장에 배치된 일반경비원
2. 집단민원현장이 아닌 곳에서 제2조제1호 다목의 규정에 의한 신변보호업무를 수행하는 일반경비원
3. 특수경비원

③ 관할 경찰관서장은 제2항 각 호 외의 부분 단서에 따른 배치허가 신청을 받은 경우 다음 각 호의 사유에 해당하는 때에는 배치허가를 하여서는 아니 된다. 이 경우 관할 경찰관서장은 다음 각 호의 사유를 확인하기 위하여 소속 경찰관으로 하여금 그 배치장소를 방문하여 조사하게 할 수 있다. 〈신설 2013.6.7〉

제22조(집단민원현장 배치 불허가 기준) 법 제18조제3항제2호에서 "대통령령으로 정하는 기준"이란 100분의 21을 말한다.
[전문개정 2014.6.3]

제23조(경비원의 명부) 경비업자는 법 제18조제1항에 따라 다음 각 호의 장소에 별지 제14호서식의 경비원 명부(제2호 및 제3호의 경우에는 해당 장소에 배치된 경비원의 명부를 말한다)를 작성·비치하여 두고, 이를 항상 정리하여야 한다.

1. 주된 사무소
2. 영 제5조제3항에 따른 출장소
3. 집단민원현장

[전문개정 2014.6.5]

제24조(경비원의 배치 및 배치폐지의 신고) ① 경비업자는 법 제18조제2항에 따라 경비업무를 수행하기 위하여 20일 이상 경비원을 배치하거나 그 기간을 연장하려는 때에는 경비원을 배치한 후 7일 이내에 별지 제15호서식의 경비원 배치신고서(전자문서로 된 신고서를 포함한다)를 배치지를 관할하는 경찰관서장에게 제출하여야 한다. 다만, 법 제18조제2항제2호 및 제3호에 해당하는 경비원을 배치하는 경우에는 경비원을 배치하는 기간과 관계없이 경비원을 배치하기 전까지 제출하여야 한다. 〈개정 2014.6.5〉

② 제1항의 규정에 의하여 경비원의 배치신고를 한 경비업자가 경비원의 배치를 폐지한 때에는 배치폐지를 한 날부터 7일 이내에 별지 제15호서식의 경비원 배치폐지신고서(전자문서로 된 신고서를 포함한다)를 배치지의 관할경찰관서장에게 제출하여야 한다. 다만, 경비원 배치신고시에 기재한 배치폐지 예정일에 경비원의 배치를 폐지한 경우에는 그러하지 아니하다. 〈개정 2004.12.10, 2009.7.1〉

1. 제15조의2제1항 및 제2항을 위반하여 경비업무의 범위를 벗어난 행위를 할 우려가 있는 경우
2. 경비원 중 제10조제1항 또는 제2항에 해당하는 결격자나 제13조에 따른 신임교육을 받지 아니한 사람이 대통령령으로 정하는 기준 이상으로 포함되어 있는 경우
3. 제24조에 따라 경비원의 복장·장비 등에 대하여 내려진 필요한 명령을 이행하지 아니하는 경우

④ 제2항 각 호 외의 부분 단서에 따른 배치허가 신청을 받은 관할 경찰관서장은 배치되는 경비원 중 제10조제1항 또는 제2항에 해당하는 결격자가 있는 경우에는 그 사람을 제외하고 배치허가를 하여야 한다. 〈신설 2013.6.7〉

⑤ 경비업자는 경비원을 배치하여 경비업무를 수행하게 하는 때에는 행정안전부령으로 정하는 바에 따라 배치된 경비원의 인적사항과 배치일시·배치장소 등 근무상황을 기록하여 보관하여야 한다. 〈신설 2013.6.7, 2014.11.19, 2017.7.26〉

⑥ 경비업자는 다음 각 호의 어느 하나에 해당하는 죄를 범하여 벌금형을 선고받고 5년이 지나지 아니하거나 금고 이상의 형을 선고받고 그 집행이 유예된 날부터 5년이 지나지 아니한 자를 집단민원현장에 일반경비원으로 배치하여서는 아니 된다. 〈신설 2013.6.7〉
1. 「형법」 제257조부터 제262조까지, 제264조, 제276조부터 제281조까지의 죄, 제284조의 죄, 제285조의 죄, 제320조의 죄, 제324조제2항의 죄, 제350조의2의 죄, 제351조의 죄(제350조, 제350조의2의 상습범으로 한정한다), 제369조제1항의 죄
2. 「폭력행위 등 처벌에 관한 법률」 제2조 또는 제3조의 죄

제24조의2(집단민원현장에의 일반경비원 배치허가 신청 등) ① 법 제18조제2항 각 호 외의 부분 단서에 따라 집단민원현장에 일반경비원 배치허가를 신청하려는 경비업자는 별지 제15호의2서식의 집단민원현장 일반경비원 배치허가 신청서(전자문서에 의한 신청서를 포함하며, 이하 "배치허가 신청서"라 한다)에 집단민원현장에 배치될 일반경비원의 신임교육 이수증(영 제18조제2항에 따른 일반경비원 신임교육 면제 대상의 경우 신임교육 면제 대상에 해당함을 입증할 수 있는 서류를 말한다) 각 1부를 첨부하여 관할 경찰관서장에게 제출하여야 한다.

② 제1항에 따른 배치허가 신청서를 받은 관할 경찰관서장은 경비원 배치예정 일시 전까지 배치허가 여부를 결정하여 경비업자에게 통보하여야 한다.

③ 제2항에 따라 일반경비원 배치허가를 받은 경비업자가 경비원 배치기간을 연장하려는 경우에는 배치기간이 만료되기 48시간 전까지 배치허가 신청서를 관할 경찰관서장에게 제출하여 허가를 받아야 한다.

④ 제2항에 따라 일반경비원 배치허가를 받은 경비업자가 집단민원현장에 새로운 경비원을 배치하려는 경우에는 새로운 경비원을 배치하기 48시간 전까지 배치허가 신청서를 관할 경찰관서장에게 제출하여 허가를 받아야 한다.

⑤ 제2항에 따라 일반경비원 배치허가를 받은 경비업자가 경비원의 배치를 폐지한 때에는 배치폐지를 한 날부터 48시간 이내에 별지 제15호의3서식의 집단민원현장 일반경비원 배치폐지 신고서(전자문서로 된 신고서를 포함한다)를 관할 경찰관서장에게 제출하여야 한다.

⑦ 경비업자는 제1항에 따른 경비원 명부에 없는 자를 경비업무에 종사하게 하여서는 아니 되고, 제2항에 따라 경비원을 배치하는 경우에는 제13조에 따른 신임교육을 이수한 자를 배치하여야 한다. 〈신설 2013.6.7〉

⑧ 관할 경찰관서장은 경비업자가 다음 각 호의 어느 하나에 해당하는 때에는 배치폐지를 명할 수 있다. 〈신설 2013.6.7〉

1. 제2항 각 호 외의 부분 단서를 위반하여 배치허가를 받지 아니하고 경비원을 배치하거나 경비원 명단 및 배치일시·배치장소 등 배치허가 신청의 내용을 거짓으로 한 때
2. 제6항의 결격사유에 해당하는 자를 집단민원현장에 일반경비원으로 배치한 때
3. 제7항을 위반하여 신임교육을 이수하지 아니한 자를 제2항 각 호의 경비원으로 배치한 때
4. 경비업자 또는 경비원이 위력이나 흉기 또는 그 밖의 위험한 물건을 사용하여 집단적 폭력사태를 일으킨 때
5. 경비업자가 제2항 각 호 외의 부분 본문을 위반하여 신고하지 아니하고 일반경비원을 배치한 때

[제목개정 2013.6.7]

제5장 행정처분 등

제19조(경비업 허가의 취소 등) ① 허가관청은 경비업자가 다음 각 호의 어느 하나에 해당하는 때에는 그 허가를 취소하여야 한다. 〈개정 2002.12.18, 2013.6.7, 2017.10.24〉

1. 허위 그 밖의 부정한 방법으로 허가를 받은 때
2. 제7조제5항의 규정에 위반하여 허가받은 경비업무외의 업무에 경비원을 종사하게 한 때

제24조(행정처분의 기준) 법 제19조제2항에 따른 행정처분의 기준은 별표 4와 같다. 〈개정 2014.6.3〉

⑥ 제2항에 따라 일반경비원 배치허가를 받은 경비업자가 집단민원현장에 배치된 경비지도사를 변경한 경우에는 변경된 내용을 관할 경찰관서장에게 통보하여야 한다.

[본조신설 2014.6.5]

제24조의3(경비원 근무상황 기록부) ① 경비업자는 법 제18조제5항에 따라 경비업무를 수행하는 경비원의 인적사항, 배치일시, 배치장소, 배차폐지일시 및 근무여부 등 근무상황을 기록한 근무상황기록부(전자문서로 된 근무상황기록부를 포함한다. 이하 같다)를 작성하여 주된 사무소 및 출장소에 갖추어 두어야 한다.

② 경비업자는 제1항에 따른 근무상황기록부를 1년 동안 보관하여야 한다.

[본조신설 2014.6.5]

3. 제7조제9항의 규정에 위반하여 경비업 및 경비관련업외의 영업을 한 때
4. 정당한 사유없이 허가를 받은 날부터 2년 이내에 경비 도급실적이 없거나 계속하여 1년 이상 휴업한 때
5. 정당한 사유없이 최종 도급계약 종료일의 다음 날부터 2년 이내에 경비 도급실적이 없을 때
6. 영업정지처분을 받고 계속하여 영업을 한 때
7. 제15조의2제2항을 위반하여 소속 경비원으로 하여금 경비업무의 범위를 벗어난 행위를 하게 한 때
8. 제18조제8항에 따른 관할 경찰관서장의 배치폐지 명령에 따르지 아니한 때

② 허가관청은 경비업자가 다음 각 호의 어느 하나에 해당하는 때에는 대통령령으로 정하는 행정처분의 기준에 따라 그 허가를 취소하거나 6개월 이내의 기간을 정하여 영업의 전부 또는 일부에 대하여 영업정지를 명할 수 있다. 〈신설 2013.6.7〉

1. 제4조제1항 후단을 위반하여 지방경찰청장의 허가 없이 경비업무를 변경한 때
2. 제7조제2항을 위반하여 도급을 의뢰받은 경비업무가 위법한 것임에도 이를 거부하지 아니한 때
3. 제7조제6항을 위반하여 경비지도사를 집단민원현장에 선임·배치하지 아니한 때
4. 제8조를 위반하여 경비대상 시설에 관한 경보 대응체제를 갖추지 아니한 때
5. 제9조제2항을 위반하여 관련 서류를 작성·비치하지 아니한 때
6. 제10조제3항을 위반하여 결격사유에 해당하는 경비원을 배치하거나 결격사유에 해당하는 경비지도사를 선임·배치한 때

7. 제12조제1항을 위반하여 경비지도사를 선임한 때
8. 제13조를 위반하여 경비원으로 하여금 교육을 받게 하지 아니한 때
9. 제16조에 따른 경비원의 복장 등에 관한 규정을 위반한 때
10. 제16조의2에 따른 경비원의 장비 등에 관한 규정을 위반한 때
11. 제16조의3에 따른 경비원의 출동차량 등에 관한 규정을 위반한 때
12. 제18조제1항 단서를 위반하여 집단민원현장에 일반경비원 명부를 작성·비치하지 아니한 때
13. 제18조제2항 각 호 외의 부분 단서를 위반하여 배치허가를 받지 아니하고 경비원을 배치하거나 경비원 명단 및 배치일시·배치장소 등 배치허가 신청의 내용을 거짓으로 한 때
14. 제18조제6항을 위반하여 결격사유에 해당하는 일반경비원을 집단민원현장에 배치한 때
15. 제24조에 따른 감독상 명령에 따르지 아니한 때
16. 제26조를 위반하여 손해를 배상하지 아니한 때

③ 허가관청은 제1항 및 제2항에 의하여 허가취소 또는 영업정지처분을 하는 때에는 경비업자가 허가받은 경비업무중 허가취소 또는 영업정지 사유에 해당되는 경비업무에 한하여 처분을 하여야 한다. 다만, 제1항제2호 및 제7호에 해당하여 허가취소를 하는 때에는 그러하지 아니하다. 〈개정 2013.6.7〉

[2002.12.18 법률 제6787호에 의하여 2002.4.25 헌법재판소에서 위헌 결정된 이 조를 개정함.]

제20조(경비지도사자격의 취소 등) ①경찰청장은 경비지도사가 다음 각호의 1에 해당하는 때에는 그 자격을 취소하여야 한다. 〈개정 2014.12.30.〉

1. 제10조제1항 각호의 결격사유에 해당하게 된 때
2. 허위 그 밖의 부정한 방법으로 경비지도사자격증을 교부받은 때
3. 경비지도사자격증을 다른 사람에게 빌려주거나 양도한 때
4. 자격정지 기간 중에 경비지도사로 선임되어 활동한 때

② 경찰청장은 경비지도사가 다음 각호의 1에 해당하는 때에는 대통령령이 정하는 바에 따라 1년의 범위 내에서 그 자격을 정지시킬 수 있다.

1. 제12조제3항의 규정에 위반하여 직무를 성실하게 수행하지 아니한 때
2. 제24조의 규정에 의한 경찰청장 또는 지방경찰청장의 명령을 위반한 때

③ 경찰청장은 제1항의 규정에 의하여 경비지도사의 자격을 취소한 때에는 경비지도사자격증을 회수하여야 하고, 제2항의 규정에 의하여 경비지도사의 자격을 정지한 때에는 그 정지기간동안 경비지도사자격증을 회수하여 보관하여야 한다.

제21조(청문) 경찰청장 또는 지방경찰청장은 다음 각호의 1에 해당하는 처분을 하고자 하는 경우에는 청문을 실시하여야 한다.

1. 제19조의 규정에 의한 경비업 허가의 취소 또는 영업정지
2. 제20조제1항 또는 제2항의 규정에 의한 경비지도사자격의 취소 또는 정지

제25조(경비지도사의 자격정지처분의 기준) 법 제20조제2항의 규정에 의한 경비지도사에 대한 자격정지처분의 기준은 별표 5와 같다.

제6장 경비협회

제22조(경비협회) ①경비업자는 경비업무의 건전한 발전과 경비원의 자질향상 및 교육훈련 등을 위하여 대통령령이 정하는 바에 따라 경비협회를 설립할 수 있다. ② 경비협회는 법인으로 한다. ③ 경비협회의 업무는 다음과 같다. 1. 경비업무의 연구 2. 경비원 교육·훈련 및 그 연구 3. 경비원의 후생·복지에 관한 사항 4. 경비진단에 관한 사항 5. 그 밖에 경비업무의 건전한 운영과 육성에 관하여 필요한 사항 ④ 경비협회에 관하여 이 법에 특별한 규정이 있는 것을 제외하고는 민법중 사단법인에 관한 규정을 준용한다.	**제26조(경비협회)** ①경비업자가 법 제22조제1항에 따라 경비협회(이하 "협회"라 한다)를 설립하려는 경우에는 정관을 작성하여야 한다. 〈개정 2014.12.30.〉 ② 협회는 정관이 정하는 바에 의하여 회원으로부터 회비를 징수할 수 있다.	
제23조(공제사업) ① 경비협회는 다음 각 호의 공제사업을 할 수 있다. 〈개정 2015.7.20.〉 1. 제26조에 따른 경비업자의 손해배상책임을 보장하기 위한 사업 2. 경비업자가 경비업을 운영할 때 필요한 입찰보증, 계약보증(이행보증을 포함한다), 하도급보증을 위한 사업 3. 경비원의 복지향상과 업무상 재해로 인한 손실을 보상하는 사업 4. 경비업무와 관련한 연구 및 경비원 교육·훈련에 관한 사업 ② 경비협회는 제1항의 규정에 의한 공제사업을 하고자 하는 때에는 공제규정을 제정하여야 한다. ③ 제2항의 공제규정에는 공제사업의 범위, 공제계약의 내용, 공제금, 공제료 및 공제금에 충당하기 위한 책임준비금 등 공제사업의 운영에 관하여 필요한 사항을 정하여야 한다.	**제27조(공제사업)** ①협회는 법 제23조제1항의 규정에 의하여 공제사업을 하는 경우 공제사업의 회계는 다른 사업의 회계와 구분하여 경리하여야 한다.	

④ 경찰청장은 제1항에 따른 공제사업의 건전한 육성과 가입자의 보호를 위하여 공제사업의 감독에 관한 기준을 정할 수 있다. 〈신설 2015.7.20.〉

⑤ 경찰청장은 제2항에 따른 공제규정을 승인하거나 제4항에 따라 공제사업의 감독에 관한 기준을 정하는 경우에는 미리 금융위원회와 협의하여야 한다. 〈신설 2015.7.20.〉

⑥ 경찰청장은 제1항에 따른 공제사업에 대하여 「금융위원회의 설치 등에 관한 법률」에 따른 금융감독원의 원장에게 검사를 요청할 수 있다. 〈신설 2015.7.20.〉

제7장 보칙

제24조(감독) ①경찰청장 또는 지방경찰청장은 경비업무의 적정한 수행을 위하여 경비업자 및 경비지도사를 지도·감독하며 필요한 명령을 할 수 있다.

② 지방경찰청장 또는 관할 경찰관서장은 소속 경찰공무원으로 하여금 관할구역안에 있는 경비업자의 주사무소 및 출장소와 경비원배치장소에 출입하여 근무상황 및 교육훈련상황 등을 감독하며 필요한 명령을 하게 할 수 있다. 이 경우 출입하는 경찰공무원은 그 권한을 표시하는 증표를 관계인에게 내보여야 한다.

③ 지방경찰청장 또는 관할 경찰관서장은 경비업자 또는 배치된 경비원이 이 법이나 이 법에 따른 명령, 「폭력행위 등 처벌에 관한 법률」을 위반하는 행위를 하는 경우 그 위반행위의 중지를 명할 수 있다. 〈신설 2013.6.7.〉

④ 지방경찰청장 또는 관할 경찰관서장은 경비업무 장소가 집단민원현장으로 판단되는 경우에는 그 때부터 48시간 이내에 경비업자에게 경비원 배치 허가를 받을 것을 고지하여야 한다. 〈신설 2015.7.20.〉

제23조(위반행위의 보고·통보) ①경비업자의 출장소 또는 경비대상시설을 관할하는 지방경찰청장 또는 경찰관서장은 출장소의 임·직원이나 경비원이 법 또는 법에 의한 명령에 위반한 사실을 안 때에는 지체없이 그 사실을 서면등으로 당해 경비업을 허가한 지방경찰청장에게 통보하거나 보고하여야 한다.

② 제1항의 규정에 의하여 통보 또는 보고를 받은 지방경찰청장은 그 위반행위에 대하여 행정처분을 한 때에는 이를 해당 지방경찰청장 또는 경찰관서장에게 통보하여야 한다.

제25조(보안지도·점검 등) 지방경찰청장은 대통령령이 정하는 바에 따라 특수경비업자에 대하여 보안지도·점검을 실시하여야 하고, 필요한 경우 관계기관에 보안측정을 요청하여야 한다.	**제29조(보안지도점검)** 지방경찰청장은 법 제25조의 규정에 의하여 특수경비업자에 대하여 연 2회 이상의 보안지도·점검을 실시하여야 한다.	**제25조(경비전화의 가설)** ①관할경찰관서장은 시설주의 신청에 의하여 특수경비원이 배치된 국가중요시설 등에 경비전화를 가설할 수 있다. ② 제1항의 규정에 의하여 경비전화를 가설하는 경우의 소요경비는 시설주의 부담으로 한다.
제26조(손해배상 등) ①경비업자는 경비원이 업무수행중 고의 또는 과실로 경비대상에 손해가 발생하는 것을 방지하지 못한 때에는 그 손해를 배상하여야 한다. ② 경비업자는 경비원이 업무수행중 고의 또는 과실로 제3자에게 손해를 입힌 경우에는 이를 배상하여야 한다.	**제30조(경비가 필요한 시설 등에 대한 경비의 요청)** 지방경찰청장은 행사장 그밖에 많은 사람이 모이는 시설 또는 장소에서 혼잡 등으로 인한 위험의 발생을 방지하기 위하여 법 제2조제3호의 규정에 의한 경비원에 의한 경비가 필요하다고 인정되는 때에는 행사개최일 전에 당해 행사의 주최자에게 경비원에 의한 경비를 실시하거나 부득이한 사유로 그것을 실시할 수 없는 경우에는 행사개최 24시간 전까지 지방경찰청장에게 그 사실을 통지하여 줄 것을 요청할 수 있다.	**제26조(갖추어 두어야 하는 장부 또는 서류)** ①특수경비원을 배치한 시설주는 다음 각호의 장부 및 서류를 갖추어 두어야 한다. 1. 근무일지 2. 근무상황카드 3. 경비구역배치도 4. 순찰표철 5. 무기탄약출납부 6. 무기장비운영카드

		② 특수경비원을 배치한 국가중요시설의 관할경찰관서장은 다음 각호의 장부 및 서류를 갖추어 두어야 한다. 1. 감독순시부 2. 특수경비원 전·출입관계철 3. 특수경비원 교육훈련실시부 4. 무기·탄약대여대장 5. 그 밖에 특수경비원의 관리 등을 위하여 필요한 장부 또는 서류 ③ 제1항 및 제2항의 규정에 의한 장부 또는 서류의 서식은 경찰관서에서 사용하는 서식을 준용한다.
제27조(위임 및 위탁) ①이 법에 의한 경찰청장의 권한은 대통령령이 정하는 바에 따라 그 일부를 지방경찰청장에게 위임할 수 있다. ② 경찰청장은 제11조의 규정에 의한 경비지도사의 시험 및 교육에 관한 업무를 대통령령이 정하는 바에 따라 관계전문기관 또는 단체에 위탁할 수 있다.	**제31조(권한의 위임 및 위탁)** ①경찰청장은 법 제27조제1항의 규정에 의하여 다음 각호의 권한을 지방경찰청장에게 위임한다. 1. 법 제20조의 규정에 의한 경비지도사의 자격의 취소 및 정지에 관한 권한 2. 법 제21조제2호의 규정에 의한 경비지도사 자격의 취소 및 정지에 관한 청문의 권한 ② 경찰청장 또는 경찰관서장은 법 제27조제2항의 규정에 의하여 법 제11조제1항의 규정에 의한 경비지도사시험의 관리와 경비지도사의 교육에 관한 업무를 경비업무에 관한 인력과 전문성을 갖춘 기관으로서 경찰청장이 지정하여 고시하는 기관 또는 단체에 위탁한다.	

제31조의2(민감정보 및 고유식별정보의 처리) 경찰청장, 지방경찰청장, 경찰서장 및 경찰관서장(제31조에 따라 경찰청장 및 경찰관서장의 권한을 위임·위탁받은 자를 포함한다)은 다음 각 호의 사무를 수행하기 위하여 불가피한 경우 「개인정보 보호법 시행령」 제18조제2호에 따른 범죄경력자료에 해당하는 정보와 같은 영 제19조제1호 또는 제4호에 따른 주민등록번호 또는 외국인등록번호가 포함된 자료를 처리할 수 있다. 〈개정 2014.6.3.〉

1. 법 제4조 및 제6조에 따른 경비업의 허가 및 갱신허가 등에 관한 사무
2. 법 제11조에 따른 경비지도사 시험 등에 관한 사무
3. 법 제13조에 따른 경비원의 교육 등에 관한 사무
4. 법 제14조에 따른 특수경비원의 직무 및 무기사용 등에 관한 사무
5. 법 제17조에 따른 결격사유 확인을 위한 범죄경력조회 등에 관한 사무
6. 법 제18조에 따른 경비원 배치허가 등에 관한 사무
7. 법 제19조 및 제20조에 따른 행정처분에 관한 사무
8. 법 제24조에 따른 경비업자 및 경비지도사의 지도·감독에 관한 사무
9. 법 제25조에 따른 보안지도·점검 및 보안측정에 관한 사무
10. 제1호부터 제9호까지의 규정에 따른 사무를 수행하기 위하여 필요한 사무

[본조신설 2012.1.6.]

	제31조의3(규제의 재검토) 경찰청장은 다음 각 호의 사항에 대하여 다음 각 호의 기준일을 기준으로 3년마다(매 3년이 되는 해의 기준일과 같은 날 전까지를 말한다) 그 타당성을 검토하여 개선 등의 조치를 하여야 한다. 1. 제3조제2항 및 별표 1에 따른 경비업의 시설 등의 기준: 2014년 6월 8일 2. 제22조에 따른 집단민원현장 배치 불허가 기준: 2014년 6월 8일 3. 제24조 및 별표 4에 따른 행정처분 기준: 2014년 6월 8일 4. 제32조제1항 및 별표 6에 따른 과태료의 부과기준: 2014년 6월 8일 [본조신설 2014.6.3.]	**제27조의2(규제의 재검토)** 경찰청장은 제20조에 따른 경비원이 휴대하는 장비 등에 대하여 2014년 6월 8일을 기준으로 3년마다(매 3년이 되는 해의 6월 8일 전까지를 말한다) 그 타당성을 검토하여 개선 등의 조치를 하여야 한다. 〈개정 2014.6.5.〉
제27조의2(수수료) 이 법에 따른 경비업의 허가를 받거나 허가증을 재교부 받고자 하는 자는 대통령령이 정하는 바에 따라 수수료를 납부하여야 한다. [본조신설 2005.5.31]	**제28조(허가증 등의 수수료)** ① 법에 의한 경비업의 허가를 받거나 허가증을 재교부받고자 하는 자는 다음 각호의 수수료를 납부하여야 한다. 1. 법 제4조제1항 및 법 제6조제2항의 규정에 의한 경비업의 허가(추가·변경·갱신허가를 포함한다)의 경우에는 1만원 2. 허가사항의 변경신고로 인한 허가증 재교부의 경우에는 2천원 ② 제1항의 규정에 의한 수수료는 허가 등의 신청서에 수입인지를 첨부하여 납부한다. ③ 시험에 응시하고자 하는 자는 경찰청장이 정하여 고시하는 수수료를 납부하여야 한다. ④ 경찰청장은 다음 각 호의 어느 하나에 해당하는 경우에는 제3항에 따라 받은 응시수수료의 전부 또는 일부를 다음 각 호의 구분에 따라 반환하여야 한다. 〈개정 2014.6.3.〉 1. 응시수수료를 과오납한 경우: 과오납한 금액 전액	

제8장 벌칙

제28조(벌칙) ① 제14조제2항의 규정에 위반하여 국가중요시설의 정상적인 운영을 해치는 장해를 일으킨 특수경비원은 5년 이하의 징역 또는 5천만원 이하의 벌금에 처한다. 〈개정 2017.10.24〉

② 다음 각 호의 어느 하나에 해당하는 자는 3년 이하의 징역 또는 3천만원 이하의 벌금에 처한다. 〈개정 2005.8.4, 2013.6.7〉

1. 제4조제1항의 규정에 의한 허가를 받지 아니하고 경비업을 영위한 자
2. 제7조제4항의 규정에 위반하여 직무상 알게 된 비밀을 누설하거나 부당한 목적을 위하여 사용한 자
3. 제7조제8항의 규정에 위반하여 경비업무의 중단을 통보하지 아니하거나 경비업무를 즉시 인수하지 아니한 특수경비업자 또는 경비대행업자
4. 집단민원현장에 경비원을 배치하면서 제7조의2제1항을 위반하여 제4조제1항에 따른 허가를 받지 아니한 자에게 경비업무를 도급한 자
5. 제7조의2제2항을 위반하여 집단민원현장에 20명 이상의 경비인력을 배치하면서 그 경비인력을 직접 고용한 자

2. 시험시행기관의 귀책사유로 시험에 응시하지 못한 경우: 응시수수료 전액
3. 시험시행일 20일 전까지 접수를 취소하는 경우: 응시수수료 전액
4. 시험시행일 10일 전까지 접수를 취소하는 경우: 응시수수료의 100분의 50

⑤ 경찰청장 및 지방경찰청장은 제2항 및 제3항의 규정에 불구하고 정보통신망을 이용하여 전자화폐·전자결제 등의 방법으로 수수료를 납부하게 할 수 있다. 〈신설 2004.3.17., 2011.4.4.〉

6. 제7조의2제3항을 위반하여 경비업자의 경비원 채용 시 무자격자나 부적격자 등을 채용하도록 관여하거나 영향력을 행사한 도급인
7. 과실로 인하여 제14조제2항의 규정에 위반하여 국가중요시설의 정상적인 운영을 해치는 장해를 일으킨 특수경비원
8. 특수경비원으로서 경비구역 안에서 시설물의 절도, 손괴, 위험물의 폭발 등의 사유로 인한 위급사태가 발생한 때에 제15조제1항 또는 제2항의 규정에 위반한 자
9. 제15조의2제2항의 규정을 위반하여 경비원에게 경비업무의 범위를 벗어난 행위를 하게 한 자

③ 제14조제4항 후단의 규정에 위반하여 정당한 사유없이 무기를 소지하고 배치된 경비구역을 벗어난 특수경비원은 2년 이하의 징역 또는 2천만원 이하의 벌금에 처한다.

④ 다음 각 호의 어느 하나에 해당하는 자는 1년 이하의 징역 또는 1천만원 이하의 벌금에 처한다. 〈개정 2005.8.4., 2013.6.7.〉

1. 제14조제7항의 규정에 위반한 관리책임자
2. 제15조제3항의 규정에 위반하여 쟁의행위를 한 특수경비원
3. 제15조의2제1항을 위반하여 경비업무의 범위를 벗어난 행위를 한 경비원
4. 제16조의2제1항에서 정한 장비 외에 흉기 또는 그 밖의 위험한 물건을 휴대하고 경비업무를 수행한 경비원 또는 경비원에게 이를 휴대하고 경비업무를 수행하게 한 자
5. 제18조제8항을 위반하여 경찰관서장의 배치폐지 명령을 따르지 아니한 자
6. 제24조제3항에 따른 지방경찰청장 또는 관할 경찰관서장의 중지명령에 따르지 아니한 자

⑤ 삭제 〈2013.6.7.〉

제29조(형의 가중처벌) ① 특수경비원이 무기를 휴대하고 경비업무를 수행중에 제14조제8항의 규정 및 제15조제4항의 규정에 의한 무기의 안전수칙을 위반하여 「형법」 제258조의2제1항(제257조제1항의 죄로 한정한다) · 제2항(제258조제1항·제2항의 죄로 한정한다), 제259조제1항, 제260조제1항, 제262조, 제268조, 제276조제1항, 제277조제1항, 제281조제1항, 제283조제1항, 제324조제2항, 제350조의2 및 제366조의 죄를 범한 때에는 그 죄에 정한 형의 2분의 1까지 가중처벌한다. 〈개정 2013.6.7., 2016.1.6.〉

② 경비원이 경비업무 수행 중에 제16조의2제1항에서 정한 장비 외에 흉기 또는 그 밖의 위험한 물건을 휴대하고 「형법」 제258조의2제1항(제257조제1항의 죄로 한정한다) · 제2항(제258조제1항·제2항의 죄로 한정한다), 제259조제1항, 제261조, 제262조, 제268조, 제276조제1항, 제277조제1항, 제281조제1항, 제283조제1항, 제324조제2항, 제350조의2 및 제366조의 죄를 범한 때에는 그 죄에 정한 형의 2분의 1까지 가중처벌한다. 〈신설 2013.6.7., 2016.1.6.〉

제30조(양벌규정) 법인의 대표자나 법인 또는 개인의 대리인, 사용인, 그 밖의 종업원이 그 법인 또는 개인의 업무에 관하여 제28조의 위반행위를 하면 그 행위자를 벌하는 외에 그 법인 또는 개인에게도 해당 조문의 벌금형을 과(科)한다. 다만, 법인 또는 개인이 그 위반행위를 방지하기 위하여 해당 업무에 관하여 상당한 주의와 감독을 게을리하지 아니한 경우에는 그러하지 아니하다.

[전문개정 2008.12.26]

제31조(과태료) ① 다음 각 호의 어느 하나에 해당하는 경비업자에게는 3천만원 이하의 과태료를 부과한다. 〈신설 2013.6.7〉 1. 제16조제1항을 위반하여 경비원의 복장에 관한 신고를 하지 아니하고 집단민원현장에 경비원을 배치한 자 2. 제16조제2항을 위반하여 이름표를 부착하게 하지 아니하거나, 신고된 동일 복장을 착용하게 하지 아니하고 집단민원현장에 경비원을 배치한 자 3. 제18조제1항 단서를 위반하여 집단민원현장에 일반경비원을 배치하면서 경비원의 명부를 배치장소에 작성·비치하지 아니한 자 4. 제18조제2항 각 호 외의 부분 단서를 위반하여 배치허가를 받지 아니하고 경비원을 배치하거나 경비원 명단 및 배치일시·배치장소 등 배치허가 신청의 내용을 거짓으로 한 자 5. 제18조제7항을 위반하여 제13조에 따른 신임교육을 이수하지 아니한 자를 제18조제2항 각 호의 경비원으로 배치한 자 ② 다음 각 호의 어느 하나에 해당하는 경비업자 또는 시설주에게는 500만원 이하의 과태료를 부과한다. 〈개정 2013.6.7〉 1. 제4조제3항 또는 제18조제2항의 규정에 위반하여 신고를 하지 아니한 자 2. 제7조제7항의 규정에 위반하여 경비대행업자 지정신고를 하지 아니한 자 3. 제9조제1항의 규정에 위반하여 설명의무를 이행하지 아니한 자 4. 제12조제1항의 규정에 위반하여 경비지도사를 선임하지 아니한 자	**제32조(과태료의 부과기준 등)** ① 법 제31조제1항 및 제2항에 따른 과태료의 부과기준은 별표 6과 같다. 〈개정 2014.6.3〉 ② 지방경찰청장 또는 경찰관서장은 「질서위반행위규제법」 제14조 각 호의 사항을 고려하여 별표 6에 따른 금액의 100분의 50의 범위에서 경감하거나 가중할 수 있다. 다만, 가중하는 때에는 법 제31조제1항 및 제2항에 따른 과태료 금액의 상한을 초과할 수 없다. 〈개정 2014.6.3〉 ③ 삭제 〈2014.6.3〉 ④ 삭제 〈2014.6.3〉 [전문개정 2008.11.26]	**제28조(과태료 부과 고지서 등)** ① 법 제31조제1항 및 제2항에 따른 과태료 부과의 사전 통지는 별지 제16호서식의 과태료 부과 사전 통지서에 따른다. 〈개정 2014.6.5〉 ② 법 제31조제1항 및 제2항에 따른 과태료의 부과는 별지 제17호서식의 과태료 부과 고지서에 따른다. 〈개정 2014.6.5〉 [전문개정 2008.12.5]

5. 제14조제6항의 규정에 의한 감독상 필요한 명령을 정당한 이유없이 이행하지 아니한 자
6. 제10조제3항을 위반하여 결격사유에 해당하는 경비원을 배치하거나 결격사유에 해당하는 경비지도사를 선임·배치한 자
7. 제16조제1항의 복장 등에 관한 신고규정을 위반하여 신고를 하지 아니한 자
8. 제16조제2항을 위반하여 이름표를 부착하게 하지 아니하거나, 신고된 동일 복장을 착용하게 하지 아니하고 경비원을 경비업무에 배치한 자
9. 제18조제1항 본문을 위반하여 명부를 작성·비치하지 아니한 자
10. 제18조제5항을 위반하여 경비원의 근무상황을 기록하여 보관하지 아니한 자

③ 제1항 및 제2항의 규정에 의한 과태료는 대통령령이 정하는 바에 의하여 지방경찰청장 또는 경찰관서장이 부과·징수한다. 〈개정 2013.6.7〉

④ 삭제 〈2013.6.7〉

⑤ 삭제 〈2013.6.7〉

시행령 [별표 1] 〈개정 2014.6.3〉

경비업의 시설 등의 기준(제3조제2항 관련)

업무별 \ 시설 등 기준	경비인력	자본금	시설	장비 등
1. 시설경비업무	• 일반경비원 20명 이상 • 경비지도사 1명 이상	1억원 이상	기준 경비인력 수 이상을 동시에 교육할 수 있는 교육장	• 기준 경비인력 수 이상의 경비원 복장 및 경적, 단봉, 분사기
2. 호송경비업무	• 무술유단자인 일반경비원 5명 이상 • 경비지도사 1명 이상	1억원 이상	기준 경비인력 수 이상을 동시에 교육할 수 있는 교육장	• 호송용 차량 1대 이상 • 현금호송백 1개 이상 • 기준 경비인력 수 이상의 경비원 복장 및 경적, 단봉, 분사기
3. 신변보호업무	• 무술유단자인 일반경비원 5명 이상 • 경비지도사 1명 이상	1억원 이상	기준 경비인력 수 이상을 동시에 교육할 수 있는 교육장	• 기준 경비인력 수 이상의 무전기 등 통신장비 • 기준 경비인력 수 이상의 경적, 단봉, 분사기
4. 기계경비업무	• 전자·통신 분야 기술자격증소지자 5명을 포함한 일반경비원 10명 이상 • 경비지도사 1명 이상	1억원 이상	• 기준 경비인력 수 이상을 동시에 교육할 수 있는 교육장 • 관제시설	• 감지장치·송신장치 및 수신장치 • 출장소별로 출동차량 2대 이상 • 기준 경비인력 수 이상의 경비원 복장 및 경적, 단봉, 분사기
5. 특수경비업무	• 특수경비원 20명 이상 • 경비지도사 1명 이상	3억원 이상	기준 경비인력 수 이상을 동시에 교육할 수 있는 교육장	• 기준 경비인력 수 이상의 경비원 복장 및 경적, 단봉, 분사기

비고
1. 자본금의 경우 하나의 경비업무에 대한 자본금을 갖춘 경비업자가 그 외의 경비업무를 추가로 하려는 경우 자본금을 갖춘 것으로 본다. 다만, 특수경비업자 외의 자가 특수경비업무를 추가로 하려는 경우에는 이미 갖추고 있는 자본금을 포함하여 특수경비업무의 자본금 기준에 적합하여야 한다.
2. 교육장의 경우 하나의 경비업무에 대한 시설을 갖춘 경비업자가 그 외의 경비업무를 추가로 하려는 경우에는 경비인력이 더 많이 필요한 경비업무에 해당하는 교육장을 갖추어야 한다.
3. "무술유단자"란 「국민체육진흥법」 제33조에 따른 대한체육회에 가맹된 단체 또는 문화체육관광부에 등록된 무도 관련 단체가 무술유단자로 인정한 사람을 말한다.
4. "호송용 차량"이란 현금이나 그 밖의 귀중품의 운반에 필요한 견고성 및 안전성을 갖추고 무선통신시설 및 경보시설을 갖춘 자동차를 말한다.
5. "현금호송백"이란 현금이나 그 밖의 귀중품을 운반하기 위한 이동용 호송장비로서 경보시설을 갖춘 것을 말한다.
6. "전자·통신 분야 기술자격증소지자"란 「국가기술자격법」에 따라 전자 및 통신 분야에서 기술자격을 취득한 사람을 말한다.

[별표 1의2] 〈개정 2014.6.3〉

특수경비업자가 할 수 있는 영업(제7조의2제1항 관련)

분야	해당 영업
금속가공제품 제조업(기계 및 가구 제외)	• 일반철물 제조업(자물쇠제조 등 경비 관련 제조업에 한정한다) • 금고 제조업
그 밖의 기계 및 장비제조업	• 분사기 및 소화기 제조업
전기장비 제조업	• 전기경보 및 신호장치 제조업
전자부품, 컴퓨터, 영상, 음향 및 통신장비 제조업	• 전자카드 제조업 • 통신 및 방송 장비 제조업 • 영상 및 음향기기 제조업
전문직별 공사업	• 소방시설 공사업 • 배관 및 냉·난방 공사업(소방시설 공사 등 방재 관련 공사에 한정한다) • 내부 전기배선 공사업 • 내부 통신배선 공사업
도매 및 상품중개업	• 통신장비 및 부품 도매업
통신업	• 전기통신업
부동산업	• 부동산 관리업
컴퓨터 프로그래밍, 시스템 통합 및 관리업	• 컴퓨터 프로그래밍 서비스업 • 컴퓨터시스템 통합 자문, 구축 및 관리업
건축기술, 엔지니어링 및 관련기술 서비스업	• 건축설계 및 관련 서비스업(소방시설 설계 등 방재 관련 건축설계에 한정한다) • 건물 및 토목엔지니어링 서비스업(소방공사 감리 등 방재 관련 서비스업에 한정한다)
사업시설 관리 및 조경 서비스업	• 사업시설 유지관리 서비스업 • 건물 산업설비 청소 및 방제 서비스업
사업지원 서비스업	• 인력공급 및 고용알선업 • 경비, 경호 및 탐정업
교육서비스업	• 직원훈련기관 • 그 밖의 기술 및 직업훈련학원(경비 관련 교육에 한정한다)
수리업	• 일반 기계 수리업 • 전기, 전자, 통신 및 정밀기기 수리업
창고 및 운송 관련 서비스업	• 주차장 운영업

[별표 2] 〈개정 2003.11.11〉

<u>경비지도사의 시험과목</u>(제12조제3항관련)

구분	1차시험	2차시험
	선택형	선택형 또는 단답형
일반경비지도사	○법학개론 ○민간경비론	○경비업법(청원경찰법을 포함한다) ○소방학 · 범죄학 또는 경호학 중 1과목
기계경비지도사		○경비업법(청원경찰법을 포함한다) ○기계경비개론 또는 기계경비기획 및 설계 중 1과목

[별표 3] 〈개정 2003.11.11〉

<u>경비지도사의 선임 · 배치기준</u>(제16조제1항관련)

1. 일반경비지도사
   시설경비업 · 호송경비업 · 신변보호업 및 특수경비업에 한하여 선임 · 배치할 것
   가. 경비원을 배치하여 영업활동을 하고 있는 지역을 관할하는 지방경찰청의 관할구역별로 경비원 200인까지는 일반경비지도사 1인씩 선임 · 배치하되, 200인을 초과하는 100인까지마다 1인씩을 추가로 선임 · 배치할 것. 다만, 특수경비업의 경우는 제19조제1항의 규정에 의한 특수경비원 교육을 이수한 일반경비지도사를 선임 · 배치할 것
   나. 시설경비업 · 호송경비업 · 신변보호업 및 특수경비업 가운데 2 이상의 경비업을 하는 경우 경비지도사의 배치는 각 경비업에 종사하는 경비원의 수를 합산한 인원을 기준으로 할 것
2. 기계경비지도사
   가. 기계경비업에 한하여 선임 · 배치할 것
   나. 선임 · 배치기준은 제1호 가목의 규정에 의한 일반경비지도사의 선임 · 배치 기준과 동일하게 할 것
3. 경비지도사가 선임 · 배치된 지방경찰청의 관할구역에 인접하는 지방경찰청의 관할구역에 배치되는 경비원이 30인 이하인 경우에는 제1호 가목 및 제2호 나목의 규정에 불구하고 경비지도사를 따로 선임 · 배치하지 아니할 수 있다. 이 경우 인천지방경찰청은 서울지방경찰청과 인접한 것으로 본다.

[별표 4] 〈개정 2014.6.3〉

행정처분 기준(제24조 관련)

1. 일반기준

가. 제2호에 따른 행정처분이 영업정지인 경우에는 위반행위의 동기, 내용 및 위반의 정도 등을 고려하여 가중하거나 감경할 수 있다.

나. 위반행위가 2 이상인 경우로서 그에 해당하는 각각의 처분기준이 다른 경우에는 그 중 중한 처분기준에 따르며, 2 이상의 처분기준이 동일한 영업정지인 경우에는 중한 처분기준의 2분의 1까지 가중할 수 있다. 다만, 가중하는 경우에도 각 처분기준을 합산한 기간을 초과할 수 없다.

다. 위반행위의 횟수에 따른 행정처분 기준은 최근 2년 간 같은 위반행위로 행정처분을 받은 경우에 적용한다. 이 경우 기준 적용일은 위반행위에 대한 행정처분일과 그 처분 후의 위반행위가 다시 적발된 날을 기준으로 한다.

라. 영업정지처분에 해당하는 위반행위가 적발된 날 이전 최근 2년 간 같은 위반행위로 2회 영업정지처분을 받은 경우에는 제2호의 기준에도 불구하고 그 위반행위에 대한 행정처분기준은 허가취소로 한다.

2. 개별기준

위반행위	해당 법조문	행정처분 기준		
		1차 위반	2차 위반	3차 이상 위반
가. 법 제4조제1항 후단을 위반하여 지방경찰청장의 허가 없이 경비업무를 변경한 때	법 제19조제2항제1호	경고	영업정지 6개월	허가취소
나. 법 제7조제2항을 위반하여 도급을 의뢰받은 경비업무가 위법한 것임에도 이를 거부하지 않은 때	법 제19조제2항제2호	영업정지 1개월	영업정지 3개월	허가취소
다. 법 제7조제6항을 위반하여 경비지도사를 집단민원현장에 선임·배치하지 않은 때	법 제19조제2항제3호	영업정지 1개월	영업정지 3개월	허가취소
라. 법 제8조를 위반하여 경비대상 시설에 관한 경보 대응체제를 갖추지 않은 때	법 제19조제2항제4호	경고	경고	영업정지 1개월
마. 법 제9조제2항을 위반하여 관련 서류를 작성·비치하지 않은 때	법 제19조제2항제5호	경고	경고	영업정지 1개월
바. 법 제10조제3항을 위반하여 결격사유에 해당하는 경비원을 배치하거나 결격사유에 해당하는 경비지도사를 선임·배치한 때	법 제19조제2항제6호	영업정지 1개월	영업정지 3개월	허가취소

사. 법 제12조제1항을 위반하여 경비지도사를 선임한 때	법 제19조제2항제7호	영업정지 1개월	영업정지 3개월	허가취소
아. 법 제13조를 위반하여 경비원으로 하여금 교육을 받게 하지 않은 때	법 제19조제2항제8호	경고	경고	영업정지 1개월
자. 법 제16조에 따른 경비원의 복장 등에 관한 규정을 위반한 때	법 제19조제2항제9호	경고	영업정지 1개월	영업정지 3개월
차. 법 제16조의2에 따른 경비원의 장비 등에 관한 규정을 위반한 때	법 제19조제2항제10호	경고	영업정지 1개월	영업정지 3개월
카. 법 제16조의3에 따른 경비원의 출동차량 등에 관한 규정을 위반한 때	법 제19조제2항제11호	경고	영업정지 1개월	영업정지 3개월
타. 법 제18조제1항 단서를 위반하여 집단민원현장에 일반경비원 명부를 작성·비치하지 않은 때	법 제19조제2항제12호	영업정지 1개월	영업정지 3개월	허가취소
파. 법 제18조제2항 각 호 외의 부분 단서를 위반하여 배치허가를 받지 아니하고 경비원을 배치하거나 경비원 명단 및 배치일시·배치장소 등 배치허가 신청의 내용을 거짓으로 한 때	법 제19조제2항제13호	영업정지 1개월	영업정지 3개월	허가취소
하. 법 제18조제6항을 위반하여 결격사유에 해당하는 일반경비원을 집단민원현장에 배치한 때	법 제19조제2항제14호	영업정지 1개월	영업정지 3개월	허가취소
거. 법 제24조에 따른 감독상 명령에 따르지 않은 때	법 제19조제2항제15호	경고	영업정지 3개월	허가취소
너. 법 제26조를 위반하여 손해를 배상하지 않은 때	법 제19조제2항제16호	경고	영업정지 3개월	영업정지 6개월

[별표 5]

경비지도사 자격정지처분 기준(제25조관련)

위반행위	해당법조문	행정처분기준		
		1차	2차	3차이상
1. 법 제12조제3항의 규정에 위반하여 직무를 성실하게 수행하지 아니한 때	법 제20조제2항제1호	자격정지3월	자격정지6월	자격정지12월
2. 법 제24조의 규정에 의한 경찰청장·지방경찰청장의 명령을 위반한 때	법 제20조제2항제2호	자격정지1월	자격정지6월	자격정지9월

비고 : 위반행위의 횟수에 따른 행정처분의 기준은 당해 위반행위가 있은 이전 최근 2년 간 같은 위반행위로 행정처분을 받은 경우에 적용한다.

[별표 6] 〈개정 2014.6.3〉

과태료의 부과기준(제32조제1항 관련)

위반행위	해당 법조문	과태료 금액(단위: 만원)		
		1회 위반	2회 위반	3회 이상
1. 법 제4조제3항 또는 제18조제2항을 위반하여 신고를 하지 않은 경우	법 제31조제2항제1호			
가. 1개월 이내의 기간 경과		50		
나. 1개월 초과 6개월 이내의 기간 경과		100		
다. 6개월 초과 12개월 이내의 기간 경과		200		
라. 12개월 초과의 기간 경과		400		
2. 법 제7조제7항을 위반하여 경비대행업자 지정신고를 하지 않은 경우	법 제31조제2항제2호			
가. 허위로 신고한 경우		400		
나. 그 밖의 사유로 신고하지 않은 경우		300		
3. 법 제9조제1항을 위반하여 설명의무를 이행하지 않은 경우	법 제31조제2항제3호	100	200	400
4. 법 제10조제3항을 위반하여 결격사유에 해당하는 경비원을 배치하거나 결격사유에 해당하는 경비지도사를 선임·배치한 경우	법 제31조제2항제6호	100	200	400
5. 법 제12조제1항을 위반하여 경비지도사를 선임하지 않은 경우	법 제31조제2항제4호	100	200	400
6. 법 제14조제6항에 따른 감독상 필요한 명령을 정당한 이유없이 이행하지 않은 경우	법 제31조제2항제5호	500		
7. 법 제16조제1항을 위반하여 복장 등에 관한 신고규정을 위반하여 신고를 하지 않은 경우	법 제31조제2항제7호	100	200	400
8. 법 제16조제1항을 위반하여 경비원의 복장에 관한 신고를 하지 않고 집단민원현장에 경비원을 배치한 경우	법 제31조제1항제1호	600	1200	2400

9. 법 제16조제2항을 위반하여 이름표를 부착하게 하지 않거나, 신고된 동일 복장을 착용하게 하지 않고 경비원을 경비업무에 배치한 경우	법 제31조제2항제8호	100	200	400
10. 법 제16조제2항을 위반하여 이름표를 부착하게 하지 않거나, 신고된 동일 복장을 착용하게 하지 않고 집단민원현장에 경비원을 배치한 경우	법 제31조제1항제2호	600	1200	2400
11. 법 제18조제1항 본문을 위반하여 명부를 작성·비치하지 않은 경우	법 제31조제2항제9호			
가. 경비원 명부를 비치하지 않은 경우		100	200	400
나. 경비원 명부를 작성하지 않은 경우		50	100	200
12. 법 제18조제1항 단서를 위반하여 집단민원현장에 배치되는 일반경비원의 명부를 그 배치 장소에 작성·비치하지 않은 경우	법 제31조제1항제3호			
가. 경비원 명부를 비치하지 않은 경우		600	1200	2400
나. 경비원 명부를 작성하지 않은 경우		300	600	1200
13. 법 제18조제2항 각 호 외의 부분 단서를 위반하여 배치허가를 받지 않고 경비원을 배치하거나, 경비원 명단 및 배치일시·배치장소 등 배치허가 신청의 내용을 거짓으로 한 경우	법 제31조제1항제4호	1000	2000	3000
14. 법 제18조제5항을 위반하여 경비원의 근무상황을 기록하여 보관하지 않은 경우	법 제31조제2항제10호	50	100	200
15. 법 제18조제7항을 위반하여 법 제13조에 따른 신임교육을 이수하지 않은 자를 법 제18조제2항 각 호의 경비원으로 배치한 경우	법 제31조제1항제5호	600	1200	2400

비고: 위반행위의 횟수에 따른 과태료의 부과기준은 최근 2년 간 같은 위반행위로 과태료 부과처분을 받은 경우에 적용한다. 이 경우 기준 적용일은 위반행위에 대한 과태료 부과처분일과 그 처분 후의 위반행위가 다시 적발된 날을 기준으로 한다.

시행규칙 [별표 1] 〈개정 2011.1.26〉

경비지도사 교육의 과목 및 시간(제9조제1항관련)

구분 (교육시간)	과목		시간
공통교육 (28시간)	「경비업법」		4
	「경찰관직무집행법」 및 「청원경찰법」		3
	테러 대응요령		3
	화재대처법		2
	응급처치법		3
	분사기 사용법		2
	교육기법		2
	예절 및 인권교육		2
	체포 · 호신술		3
	입교식 · 평가 · 수료식		4
자격의 종류별 교육 (16시간)	일반경비 지도사	시설경비	2
		호송경비	2
		신변보호	2
		특수경비	2
		기계경비개론	3
		일반경비현장실습	5
	기계경비 지도사	기계경비운용관리	4
		기계경비기획및설계	4
		인력경비개론	3
		기계경비현장실습	5
계			44

비고: 일반경비지도사 자격증 취득자 또는 기계경비지도사 자격증 취득자가 자격증 취득일부터 3년 이내에 기계경비지도사 또는 일반경비지도사 시험에 합격하여 교육을 받을 경우에는 공통교육은 면제한다.

[별표 2] 〈개정 2014.12.10.〉

일반경비원 신임교육의 과목 및 시간(제12조제1항 관련)

구분 (교육시간)	과목	시간
이론교육 (4시간)	「경비업법」	2
	범죄예방론(신고 및 순찰요령을 포함한다)	2
실무교육 (19시간)	시설경비실무(신고 및 순찰요령, 관찰·기록기법을 포함한다)	2
	호송경비실무	2
	신변보호실무	2
	기계경비실무	2
	사고예방대책(테러 대응요령, 화재대처법 및 응급처치법을 포함한다)	3
	체포·호신술(질문·검색요령을 포함한다)	3
	장비사용법	2
	직업윤리 및 서비스(예절 및 인권교육을 포함한다)	3
기타(1시간)	입교식, 평가 및 수료식	1
계		24

[별표 3] 〈개정 2006.2.2〉

특수경비원 교육기관 시설 및 강사의 기준(제14조제1항관련)

구분	기준
1. 시설기준	○ 100인 이상 수용이 가능한 165제곱미터 이상의 강의실 ○ 감지장치·수신장치 및 관제시설을 갖춘 132제곱미터 이상의 기계경비실습실 ○ 100인 이상이 동시에 사용할 수 있는 330제곱미터 이상의 체육관 또는 운동장 ○ 소총에 의한 실탄사격이 가능하고 10개 사로 이상을 갖춘 사격장
2. 강사기준	○ 고등교육법에 의한 대학 이상의 교육기관에서 교육과목 관련학과의 전임강사(전문대학의 경우에는 조교수) 이상의 직에 1년 이상 종사한 경력이 있는 사람 ○ 박사학위를 소지한 사람으로서 교육과목 관련 분야의 연구 실적이 있는 사람 ○ 석사학위를 소지한 사람으로서 교육과목 관련 분야의 실무업무에 3년 이상 종사한 경력이 있는 사람 ○ 교육과목 관련 분야에서 공무원으로 5년 이상 근무한 경력이 있는 사람 ○ 교육과목 관련 분야의 실무업무에 10년 이상 종사한 경력이 있는 사람 ○ 체포·호신술 과목의 경우 무도사범의 자격이 있는 사람으로서 교육과목 관련 분야에서 2년 이상 실무 경력이 있는 사람 ○ 폭발물 처리요령 및 예절교육 과목의 경우 교육과목 관련 분야에서 2년 이상 실무 경력이 있는 사람

※ 비고 : 교육시설이 교육기관의 소유가 아닌 경우에는 임대 등을 통하여 교육기간동안 이용할 수 있도록 하여야 한다.

[별표 4] 〈개정 2006.2.2〉

특수경비원 신임교육의 과목 및 시간(제15조제1항관련)

구분 (교육시간)	과목	시간
이론교육 (15시간)	「경비업법」·「경찰관직무집행법」 및 「청원경찰법」	8
	「헌법」 및 형사법(인권, 경비관련 범죄 및 현행범체포에 관한 규정을 포함한다)	4
	범죄예방론(신고요령을 포함한다)	3
실무교육 (69시간)	정신교육	2
	테러 대응요령	4
	폭발물 처리요령	6
	화재대처법	3
	응급처치법	3
	분사기 사용법	3
	출입통제 요령	3
	예절교육	2
	기계경비 실무	3
	정보보호 및 보안업무	6
	시설경비요령(야간경비요령을 포함한다)	4
	민방공(화생방 관련 사항을 포함한다)	6
	총기조작	3
	총검술	5
	사격	8
	체포·호신술	5
	관찰·기록기법	3
기타(4시간)	입교식·평가·수료식	4
계		88

[별표 5] 〈신설 2014.6.5〉

경비원 휴대장비의 구체적인 기준(제20조제2항 관련)

장비	장비기준
1. 경적	금속이나 플라스틱 재질의 호루라기
2. 단봉	금속(합금 포함)이나 플라스틱 재질의 전장 700㎜ 이하의 호신용 봉
3. 분사기	「총포·도검·화약류 등의 안전관리에 관한 법률」에 따른 분사기
4. 안전방패	플라스틱 재질의 폭 500㎜ 이하, 길이 1,000㎜이하의 방패로 경찰공무원이 사용하는 안전방패와 색상 및 디자인이 명확히 구분되어야 함
5. 무전기	무전기 송신 시 실시간으로 수신이 가능한 것
6. 안전모	안면을 가리지 아니하면서, 머리를 보호하는 장비로 경찰공무원이 사용하는 방석모와 색상 및 디자인이 명확히 구분되어야 함
7. 방검복	경찰공무원이 사용하는 방검복과 색상 및 디자인이 명확히 구분되어야 함

■ 경비업법 시행규칙 [별지 제1호서식] 〈개정 2013.10.22〉

호송경비통지서

접수번호	접수일자		처리기간	즉시
통지인	법인명칭		허가번호	
	소재지			

통지 내용				
	출발지			
	종착지			
	중간기착지	도내(지명)	관할경찰서	
		도외(지명)	관할경찰서	
	도급자(회사명)			
	주요호송품명			
	경비업무의 기간	. . .부터 . . .까지 (일간)		
	호송횟수	월 회		

경비원 명단	성 명	직 책	성 명	직 책

「경비업법 시행규칙」 제2조에 따라 위와 같이 통지합니다.

년 월 일

통지인(대표자) (서명 또는 인)

○○ 경찰서장 귀하

첨부서류	없음	수수료 없음

210㎜×297㎜[백상지 80g/㎡(재활용품)]

■ 경비업법 시행규칙 [별지 제2호서식] 〈개정 2013.10.22〉

경비업 [ ]신규 [ ]변경 [ ]갱신 허가신청서

접수번호	접수일자	처리기간 15일

구분	항목	
신청인	법인명칭	허가번호
	주사무소의 소재지	(전화번호 :)
	출장소의 소재지	(전화번호 :)
신청 내용	신청경비업무 [ ]시설경비업무 [ ]호송경비업무 [ ]신변보호업무 [ ]기계경비업무 [ ]특수경비업무	
	자본	
	손해배상(공탁 · 보험 · 공제)	

「경비업법」 제4조제1항 · 제6조제2항, 같은 법 시행령 제3조 및 같은 법 시행규칙 제3조 · 제6조제1항에 따라 위와 같이 경비업의 (신규 · 변경 · 갱신) 허가를 신청합니다.

년 월 일

신청인(대표자) (서명 또는 인)

○○ 지방경찰청장 귀하

신청인 제출서류	1. 신규 · 변경 허가신청 가. 법인의 정관 1부 나. 법인 임원의 이력서 1부 다. 경비인력 · 시설 및 장비의 확보계획서 각 1부(경비업의 허가를 신청하는 때에 갖출 수 없는 경우만 해당합니다) 2. 갱신 허가신청 가. 허가증 원본 나. 정관 1부(변경사항이 있는 경우만 해당합니다)	수수료 10,000원
담당 공무원 확인사항	법인의 등기사항증명서	

처리절차

신청서 작성	→	접수	→	결재	→	허가증 교부
(신청인)		(경찰서 · 지방청)		(경찰서 · 지방청)		(신청인)

210㎜×297㎜[백상지 80g/㎡(재활용품)]

[별지 제3호서식] (앞쪽)

제　　호

허 가 증

1. 법 인 명 칭
2. 소 재 지
3. 대 표 자 성 명
4. 주민등록번호
5. 주 소
6. 허가경비업무

경비업법 제4조제1항·제6조제2항의 규정에 의하여 위와 같이 허가합니다.

년　　　월　　　일

○○지방경찰청장 [인]

210mm×297mm

(보존용지(1종) 120g/㎡)

■ 경비업법 시행규칙 [별지 제4호서식] 〈개정 2013.10.22〉

허가증 재교부신청서

접수번호		접수일자		처리기간 7일
신청인	법인명칭		허가번호	
	주소지 (전화번호 :)			
	대표자		생년월일	
	주소			

「경비업법 시행령」 제4조제3항 및 「경비업법 시행규칙」 제4조제2항에 따라 위와 같이 경비업허가증의 재교부를 신청합니다.

년 월 일

신청인 (서명 또는 인)

○○ 지방경찰청장 귀하

첨부서류	1. 사유서(허가증을 잃어버린 경우만 해당합니다) 2. 허가증(허가증이 못쓰게 된 경우만 해당합니다)	수수료 2,000원

처리절차

신청서 작성 (신청인) → 접수 (경찰서 · 지방청) → 결재 (경찰서 · 지방청) → 허가증 재교부 (신청인)

210㎜×297㎜[백상지 80g/㎡(재활용품)]

■ **경비업법 시행규칙 [별지 제5호서식] 〈개정 2012.5.31〉**

경비업 [ ] 폐업 [ ] 휴업 [ ] 영업재개 [ ] 휴업기간연장 신고서

※ [ ]에는 해당되는 곳에 √표를 합니다. (앞쪽)

접수번호	접수일자	처리기간 즉시
신고인	법인 명칭	허가번호
	소재지	(전화번호 :)
	대표자	생년월일
신고 내용	주소	(전화번호 :)
	폐업 연월일	
	휴업기간 또는 영업재개 연월일	
사유		

휴 · 폐업상황			
계약 회사명	경비장소	경비원 성명	경비원에 대한 조치

「경비업법」 제4조제3항, 같은 법 시행령 제5조제1항, 제2항 및 같은 법 시행규칙에 따라

경비업의 [ ]폐업 [ ]휴업 [ ]영업재개 [ ]휴업기간연장 을(를) 신고합니다.

년 월 일

신고인 (서명 또는 인)

지방경찰청장 귀하

첨부서류	허가증	수수료 없음

210mm×297mm[백상지 80g/㎡]

■ 경비업법 시행규칙 [별지 제6호서식] 〈개정 2013.10.22〉

경비업 허가사항 등의 변경신고서

접수번호	접수일자	처리기간	7일
신고인	법인명칭	허가번호	
	소재지	(전화번호 :)	
신고 내용	현재		
	변경 후		
	사유		

「경비업법」 제4조제3항, 같은 법 시행령 제5조제4항 · 제5항 및 같은 법 시행규칙 제5조제2항에 따라 위와 같이 경비업의 허가사항 등의 변경을 신고합니다.

년 월 일

신고인(대표자) (서명 또는 인)

○○ 지방경찰청장 귀하

신고인 제출서류	1. 명칭 변경의 경우: 허가증 원본 2. 대표자 변경의 경우: 법인 대표자의 이력서 1부 및 허가증 원본 3. 임원 변경의 경우: 법인 임원의 이력서 1부 4. 주사무소 또는 출장소 변경의 경우: 허가증 원본 5. 정관의 목적 변경의 경우: 법인의 정관 1부	수수료 2,000원
담당 공무원 확인사항	법인의 등기사항증명서	

처리절차

신청서 작성 (신청인) → 접수 (경찰서 · 지방청) → 결재 (경찰서 · 지방청) → 허가증 교부 (신청인)

210㎜×297㎜[백상지 80g/㎡(재활용품)]

■ 경비업법 시행규칙 [별지 제7호서식] 〈개정 2013.10.22〉

특수경비업무 [ ] 개시 [ ] 종료 신고서

접수번호	접수일자	처리기간	즉시
신고인	업체명	허가번호	
	대표자	전화번호	
	주소지		
경비업무 수행시설	시설명		
	주소지		
도급내역	도급기간	도급액	
	경비원의 수		
경비업무의 기간	개시일 년 월 일		
	종료일 년 월 일		

「경비업법」 제4조제3항 및 같은 법 시행규칙 제5조제4항에 따라 위와 같이 특수경비업무의 (개시 · 종료)를 신고합니다.

년 월 일

신고인(대표자) (서명 또는 인)

○○ 지방경찰청장 귀하

첨부서류	없음	수수료 없음

210㎜×297㎜[백상지 80g/㎡(재활용품)]

[별지 제8호서식]

<table>
<tr><td colspan="2">※ 접수번호</td><td colspan="2" rowspan="2">응시원서
(※, ☆표란은 응시자가 기재하지 아니합니다)</td><td>※ 응시번호</td></tr>
<tr><td colspan="2"></td><td></td></tr>
<tr><td rowspan="3">응시자</td><td>①성명</td><td colspan="2">(한문)</td><td rowspan="3">사진

(3.5cm×4.5cm)</td></tr>
<tr><td>②주민등록번호</td><td colspan="2"></td></tr>
<tr><td>③주소</td><td colspan="2"></td></tr>
<tr><td colspan="2">④최종학교명</td><td></td><td>⑤근무처</td><td></td></tr>
<tr><td colspan="2">⑥시험일부면제자</td><td colspan="3">☆
□경비업법시행령 제13조에 해당하는 사람
(해당증명서류 첨부)</td></tr>
<tr><td colspan="5">년도 제 회 경비지도사시험에 응시하고자 원서를 제출합니다.
년 월 일
응시인 (서명 또는 인)
경찰청장 귀하</td></tr>
<tr><td colspan="5">구비서류
1. 사진(출원전 6월 이내에 촬영한 탈모 · 상반신 · 반명함판) 3매
(1매는 위의 사진란에, 1매는 응시표에 첨부하여야 합니다)
2. 경력증명서 1부(시험 일부면제자의 경우에 한합니다)</td></tr>
</table>

이 응시원서는 무료로 배부합니다.

(응시표 앞쪽)

자르는선

<table>
<tr><td colspan="2" rowspan="2">제 회
경비지도사시험응시표</td><td>※응시번호</td><td rowspan="3">사진

(3.5cm×4.5cm)</td></tr>
<tr><td></td></tr>
<tr><td>①성명</td><td colspan="2">(한문)</td></tr>
<tr><td>②주민등록번호</td><td colspan="2"></td><td></td></tr>
<tr><td colspan="4">이 사람은 년도 제 회 경비지도사시험 응시자임을 확인합니다.
년 월 일
경찰청장 [인]</td></tr>
</table>

(응시표 뒤쪽)

응시자 주의사항

1. 이 응시표는 시험장에서 책상 우측상단에 놓아두어야 합니다.
2. 이 응시표는 남에게 대여하지 못합니다.
3. 이 응시표는 잃어버리거나 못쓰게 된 경우에는 즉시 경찰청에 신고하여야 합니다.
4. 이 응시표는 시험시 항상 휴대하여야 하며, 관계관이 제시를 요구한 때에는 이를 내보여야 합니다.

자르는선

제 회 경비지도사시험응시원서접수표			
①접수번호			
②성명		③주민등록번호	

제 회 경비지도사시험 응시원서를 접수하였음을 증명합니다.

년 월 일

경찰청장 [인]

[별지 제9호서식]

경비지도사자격증 교부대장

연번	성명	주민등록번호	주소	교부일자	비고

297mm×210mm

(보존용지(1종) 70g/㎡)

■ **경비업법 시행규칙 [별지 제10호서식] 〈개정 2014.6.5〉**

경비지도사 자격증

(앞쪽)

제　　호

경비지도사 자격증

(자 격 종 별)

성　　명 :

생 년 월 일 :

자 격 취 득 일 :

사진

위의 사람은 「경비업법」 제11조에 따른 경비지도사 자격이 있음을 증명합니다.

(발 급 일)

경 찰 청 장 직인

54㎜×84㎜ [PVC(비닐)]

(뒤쪽)

유 의 사 항

1. 다른 사람에게 대여하거나 목적 외 사용을 할 수 없습니다.
2. 자격이 정지된 때에는 그 정지기간 동안 자격증을 경찰관서에 반납하셔야 합니다.
3. 자격이 취소된 때에는 자격증을 경찰관서에 반납하셔야 합니다.

[별지 제10호의2서식] 〈신설 2011.4.4〉

경비원 직무교육 실시대장

연번	일시	장소	업체명	교육 대상자	교육내용 (과목)	경비지도사 성　　명

210㎜×297㎜[일반용지 60g/㎡(재활용품)]

[별지 제11호서식] 〈개정 2014.6.5〉

제　　호

일반(특수)경비원신임교육이수증

성명:　　　　　　　　　　주민등록번호 :

주소:

위의 사람은　　　년　　월　　일부터　　월　　일까지 실시한 일반(특수)경비원 신임교육을 이수하였음을 증명합니다.

년　　　월　　　일

○○○교육원장　　　[인]

210mm×297mm

(보존용지(1종) 70g/㎡)

[별지 제12호서식] 〈개정 2014.6.5〉

일반(특수)경비원 신임교육 이수증 교부대장

번호	성명	주민등록 번호	주소	자택 : ( ) 직장명 : ( )	교육이수증 교부번호	교부일	비고

297mm×210mm

(일반용지 54g/㎡(재활용품))

■ 경비업법 시행규칙 [별지 제13호서식] 〈개정 2012.5.31〉

무기대여신청서

(앞쪽)

접수번호	접수일자	처리기간	30일

시설주 (신청인)	성명	생년월일	
	직책		
배치사업장의 명칭		배치사업장의 소재지	
특수경비원 배치 인원			

대여 요청량	총기 종류	수량	탄종	수량

대여신청 사유	
대여기간	
무기관리 방법	
비고	

「경비업법」 제14조제4항, 같은 법 시행령 제20조제1항 및 같은 법 시행규칙 제17조에 따라 위와 같이 무기대여를 신청합니다.

년 월 일

신청인 (서명 또는 인)

○○경찰서장 귀하

첨부서류	없음	수수료 없음

210mm×297mm[백상지 80g/㎡]

(뒤쪽)

처리절차

이 신청서는 아래와 같이 처리됩니다.

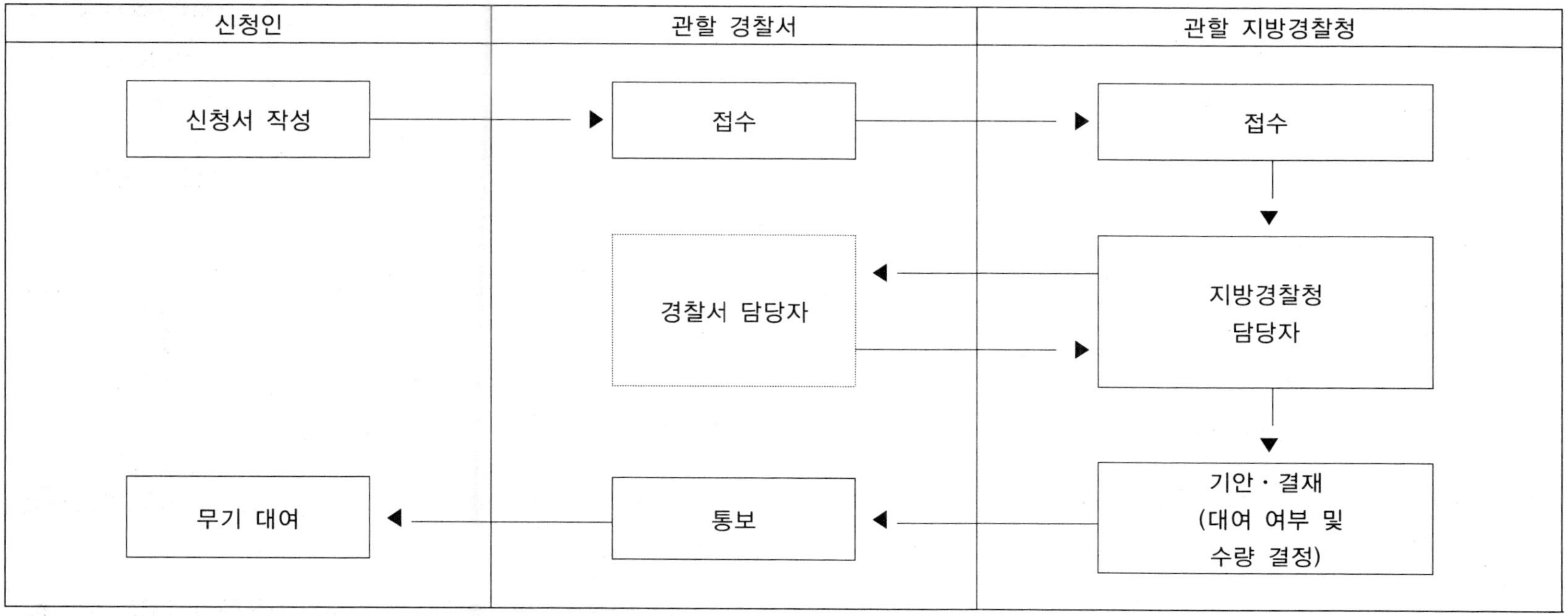

■ 경비업법 시행규칙 [별지 제13호의2서식] 〈신설 2014.6.5〉

경비원 복장 등 신고서

접수번호	접수일자	처리기간 즉시

신고인	법인명칭	허가번호
	소재지 (전화번호)	
복장 사진	상의	하의
표지장 사진		

「경비업법」 제16조제1항, 같은 법 시행규칙 제19조제1항에 따라 위와 같이 경비원의 복장을 신고합니다.

년 월 일

신고인(대표자) (서명 또는 인)

○○ 지방경찰청장 귀하

첨부서류	없음	수수료 없음

작성요령
수 개의 복장을 신고할 경우에는 별지를 사용하시기 바랍니다.

210㎜×297㎜[백상지 80g/㎡(재활용품)]

■ 경비업법 시행규칙 [별지 제13호의3서식] 〈신설 2014.6.5〉

[ ]경비원 복장 등
[ ]출동차량 도색 등　시정명령 이행보고

접수번호		접수일자	처리기간	즉시
신고인	법인명칭		허가번호	
	소재지 (전화번호)			

시정명령 이행보고
시정 지시 사항
시정 결과

「경비업법」 제16조제4항, 제16조의3제4항 및 같은 법 시행규칙 제19조제2항, 제21조제2항에 따라 (복장 등·출동차량 도색 등)의 시정명령에 대한 이행을 위와 같이 보고합니다.

년 월 일

신고인(대표자) (서명 또는 인)

○○ 지방경찰청장 귀하

첨부서류	시정사항에 따른 시정결과 사진	수수료 없음

작성요령
수 개의 차량 디자인을 신고할 경우에는 별지를 사용하시기 바랍니다.

210㎜×297㎜[백상지 80g/㎡(재활용품)]

■ 경비업법 시행규칙 [별지 제13호의4서식] 〈신설 2014.6.5〉

출동차량 등 신고서

접수번호	접수일자	처리기간 즉시

신고인	법인명칭	허가번호
	소재지	(전화번호)

차량 사진	
전면	후면
좌측면	우측면

「경비업법」 제16조의3제2항 및 같은 법 시행규칙 제21조제1항에 따라 위와 같이 출동차량 등을 신고합니다.

년 월 일

신고인(대표자) (서명 또는 인)

○○ 지방경찰청장 귀하

첨부서류	없음	수수료 없음

작성요령
수 개의 차량을 신고할 경우에는 별지를 사용하시기 바랍니다.

210㎜×297㎜[백상지 80g/㎡(재활용품)]

■ 경비업법 시행규칙 [별지 제13호의5서식] 〈신설 2014.6.5〉

범죄경력조회 신청서

접수번호	접수일자	처리일자	처리기간 1일

신청인 (대표자)	업체명		허가번호	
	대표자		전화번호	
	주소지			

대상자	성 명	한글		
		한자	영문*	
	주민등록번호 (여권번호 또는 외국인등록번호*)	-	국적*	
	주 소			
	취업(예정)직위			

「경비업법」 제17조제2항에 따라 우리 업체에 취업(예정)자인 (임원·경비원·경비지도사)에 대한 범죄경력조회를 요청하오니 그 결과를 회신해 주시기 바랍니다.

년 월 일

신청인(대표자) (서명 또는 인)

지방경찰청장(경찰서장) 귀하

첨부서류	1. 경비업 허가증 사본 2. 취업자 또는 취업예정자 범죄경력조회 동의서 각 1부	수수료 없 음

작성요령

1. 영문 성명 및 국적은 조회 대상자가 외국인인 경우만 적습니다.
2. 조회 대상자가 외국인인 경우 주민등록번호 대신 여권번호 또는 외국인등록번호를 적습니다.

처리절차

신청서 작성	→	접 수	→	대상자 확인 (적합, 부적합)	→	통보
신청인		경찰서장 / 지방경찰청장		경찰서장 / 지방경찰청장		

210㎜×297㎜[백상지 80g/㎡(재활용품)]

■ 경비업법 시행규칙 [별지 제13호의6서식] 〈신설 2014.6.5〉

범죄경력조회 동의서

대상자	성 명	한글		
		한자	영문*	
	주민등록번호 (여권번호 또는 외국인등록번호*)	-	국적*	
	주 소			
	전화번호	자택	휴대전화	

본인은 경비업체 ○○에 (임원 · 경비지도사 · 경비원)으로 취업한 사람(취업예정자)로서, 「경비업법」 제17조제2항에 따른 범죄경력조회에 동의합니다.

년 월 일

동의자 (서명 또는 인)

지방경찰청장(경찰서장) 귀하

작성요령

1. 영문 성명 및 국적은 조회 대상자가 외국인인 경우만 적습니다.
2. 조회 대상자가 외국인인 경우 주민등록번호 대신 여권번호 또는 외국인등록번호를 적습니다.

210㎜×297㎜[백상지 80g/㎡(재활용품)]

[별지 제14호서식]

(앞쪽)

경비원명부

<table>
<tr><td>관리번호</td><td></td><td colspan="8"></td><td>임용일자</td><td></td></tr>
<tr><td colspan="10"></td><td>퇴직일자</td><td></td></tr>
<tr><td>성명</td><td colspan="9"></td><td colspan="2" rowspan="3">사진
(3.5㎝×4.5㎝)</td></tr>
<tr><td>주소</td><td colspan="9"></td></tr>
<tr><td>배치지</td><td colspan="9"></td></tr>
<tr><td rowspan="2">병역</td><td colspan="4">군별</td><td>병과</td><td>입대
연월일</td><td>제대
연월일</td><td>군번</td><td>계급</td><td>역종</td><td>체격등위</td></tr>
<tr><td colspan="4"></td><td></td><td></td><td></td><td></td><td></td><td></td><td></td></tr>
<tr><td rowspan="2">신체상태</td><td>신장</td><td>체중</td><td>시력</td><td colspan="2">혈액형</td><td>건강상태</td><td colspan="2">외모특징</td><td colspan="2">취미</td><td>특기</td></tr>
<tr><td></td><td></td><td></td><td colspan="2"></td><td></td><td colspan="2"></td><td colspan="2"></td><td></td></tr>
<tr><td rowspan="2">재산</td><td>동산</td><td>부동산</td><td>재산총액</td><td colspan="4">가옥</td><td colspan="4">부업</td></tr>
<tr><td></td><td></td><td></td><td colspan="4"></td><td colspan="4"></td></tr>
<tr><td rowspan="5">가족
관계</td><td>관계</td><td>성명</td><td>주민등록
번호</td><td>학력</td><td>직장</td><td>관계</td><td>성명</td><td>주민등록
번호</td><td>학력</td><td colspan="2">직장</td></tr>
<tr><td></td><td></td><td></td><td></td><td></td><td></td><td></td><td></td><td></td><td colspan="2"></td></tr>
<tr><td></td><td></td><td></td><td></td><td></td><td></td><td></td><td></td><td></td><td colspan="2"></td></tr>
<tr><td></td><td></td><td></td><td></td><td></td><td></td><td></td><td></td><td></td><td colspan="2"></td></tr>
<tr><td></td><td></td><td></td><td></td><td></td><td></td><td></td><td></td><td></td><td colspan="2"></td></tr>
</table>

297mm×210mm

(보존용지(1종) 120g/㎡)

(뒤 쪽)

교우관계	성 명	주 소	직업 및 직책	보증인	성 명	주 소	재산정도

상 벌		
연 월 일	종 류	시 행 청

교 육 훈 련			
기 간	내 용	기 간	내 용
~		~	
~		~	
~		~	
~		~	
~		~	
~		~	

경 력		
기 간	근무장소	직위(직책)
~		
~		
~		
~		
~		
~		
~		
~		
~		
~		
~		
~		
~		

■ 경비업법 시행규칙 [별지 제15호서식] 〈개정 2013.10.22〉

경비원 [ ] 배치 / [ ] 배치폐지 신고서

접수번호	접수일자	처리기간	즉시

구분	항목		
신고인	법인명칭	허가번호	
	소재지	(전화번호)	
	배치장소(구체적으로 기재)	(전화번호)	
경비원 배치(폐지) 내용	배치일시	배치폐지(예정)일시	
	경비의 목적 또는 내용(구체적으로 기재)		

경비원 명단	배치 경비업무	경비원 성명	주민등록번호	경비원 신임교육 이수증 번호

「경비업법」 제18조제2항, 같은 법 시행규칙 제24조에 따라 위와 같이 경비원의 (배치 · 배치폐지)를 신고합니다.

년 월 일

신고인(대표자) (서명 또는 인)

○○ 경찰서장 귀하

첨부서류	없음	수수료 없음

유의사항

경비원 신임교육 이수증 번호는 신임교육을 받은 경비원만 기재합니다.

210㎜×297㎜[백상지 80g/㎡(재활용품)]

■ **경비업법 시행규칙 [별지 제15호의2서식] 〈신설 2014.6.5〉**

집단민원현장 일반경비원 배치허가 신청서

접수번호	접수일자				처리기간	48시간
경비업체	법인명칭				허가번호	
	소재지				(전화번호)	
경비지도사	성명		자격번호		연락처	
집단민원현장 관리책임자	성명		직책		연락처	
경비원 배치 내용	배치 예정일시			배치허가의 요청 기간		
	집단민원현장의 유형 및 배치 예정 경비원 수					
	경비의 목적 또는 내용(구체적으로 기재)					
	배치지 주소 및 경비원의 업무 활동의 범위(구체적으로 기재)					
	사용 예정 장비					
	경비계획					
경비업무 도급인	성명				연락처	

경비원 명단	연번	경비원 성명	주민등록번호	경비원 신임교육 이수증 번호

「경비업법」 제18조제2항 각 호 외의 부분 단서 및 같은 법 시행규칙 제24조의2에 따라 위와 같이 집단민원현장 일반경비원 배치허가를 신청합니다.

년 월 일

신청인(대표자) (서명 또는 인)

○○ 경찰서장 귀하

첨부서류	배치될 경비원의 신임교육 이수증 또는 배치될 경비원이 신임교육 면제대상에 해당함을 입증할 수 있는 서류 각 1부	수수료 없음

유의사항

1. 경비계획 기재 또는 배치할 경비원의 명단 작성 시 필요하면 별지를 사용하시기 바랍니다.
2. 집단민원현장 관리책임자는 선임한 경우만 적습니다.

210㎜×297㎜[백상지 80g/㎡(재활용품)]

■ 경비업법 시행규칙 [별지 제15호의3서식] 〈신설 2014.6.5〉

집단민원현장 일반경비원 배치폐지 신고서

접수번호	접수일자		처리기간	즉시
경비업체	법인명칭		허가번호	
	소재지		(전화번호)	
경비지도사	성명	자격번호	연락처	
배치장소	주소			

배치폐지 경비원 명단	연번	경비원 성명	주민등록번호	배치폐지일시

「경비업법」 제18조제2항 각 호 외의 부분 본문 및 같은 법 시행규칙 제24조의2제5항에 따라 위와 같이 집단민원현장 일반경비원 배치폐지를 신고합니다.

년 월 일

신고인(대표자) (서명 또는 인)

○○ 경찰서장 귀하

첨부서류	없음	수수료 없음

유의사항
배차폐지 경비원 명단 작성 시 필요하면 별지를 사용하시기 바랍니다.

210㎜×297㎜[백상지 80g/㎡(재활용품)]

■ 경비업법 시행규칙 [별지 제16호서식] 〈개정 2014.6.5〉 (앞쪽)

과태료부과 사전 통지서
(의견제출 통지)

제 호

귀하

「경비업법」 제31조에 따라 아래와 같이 과태료를 부과하고자 하오니 의견이 있으시면 기한 내에 의견을 제출하여 주시기 바랍니다.

과태료 부과 대상자	성명	(. . .생)
	주소	
과태료 금액		
과태료 부과 원인행위	일시	
	장소	
	내용	
적용 법령		
의견제출 기한		

〈의 견〉

년 월 일

○○ 지방경찰청장(경찰서장) ㊞

210㎜×297㎜[백상지 80g/㎡(재활용품)]

(뒤쪽)

〈 의견제출시 유의사항 〉

1. 귀하는 앞쪽의 과태료 부과 사항에 대하여 이 서면 또는 정보통신망을 이용하여 의견제출을 할 수 있으며, 주장을 입증할 증거자료를 함께 제출할 수 있습니다. 다만, 정보통신망을 이용하여 의견을 제출하고자 하는 경우에는 미리 의견제출기관으로 알려주시고, 의견을 제출한 후에 의견의 도달 여부를 담당자에게 확인하여 주시기 바랍니다.
2. 「질서위반행위규제법」 제18조에 따라 의견제출 기한 내에 과태료 사전납부고지서를 이용하여 자진 납부하는 경우 과태료를 감경(100분의 20의 범위 이내) 받을 수 있습니다.
3. 의견제출 기한 내 의견을 제출하지 아니하는 경우에는 의견이 없는 것으로 간주합니다.
4. 귀하께서 행정청에 출석하여 의견진술을 하고자 하는 경우에는 행정청에 미리 그 사실을 알려주십시오.
5. 그 밖에 궁금한 사항이 있으시면 아래 연락처로 문의하시기 바랍니다.

의 견 제 출 기 관

부 서 명		담 당 자	
주 소		전 화 번 호	
전자우편주소		모 사 전 송	

■ 경비업법 시행규칙 [별지 제17호서식] <개정 2014.6.5>

보내는 사람
○○ 지방경찰청장(경찰서장)
주소
□□□-□□□

우체국
요금후납

과태료 납부 고지서 재중

받는 사람

귀하

□□□-□□□

절 취 선

부과 내역

산출 근거

▣ 납입고지서 및 영수증(납부자용)

납부번호			
납부자		실명번호	
주소			

세목	납기 내	납기 후
	20 년 월 일	
과태료		

위 금액을 한국은행 국고(수납) 대리점인 은행 또는 우체국, 신용협동조합, 새마을금고, 상호저축은행에 납부하시기 바랍니다.

○○경찰서(인)

위 금액을 정히 영수합니다.

년 월 일 수납인

절 취 선

안 내 말 씀
◆ 은행이나 우체국, 신용협동조합, 새마을금고, 상호저축은행을 방문하거나 인터넷 뱅킹의 방법으로 납부하실 수 있습니다. ◆ 인터넷 납부는 은행 인터넷 뱅킹 및 금융결제원(www.giro.or.kr)에서 납부할 수 있습니다.

▣ 납입고지서 및 영수증(수납기관용)

납부번호

회계년도 회계 소관
납 부 자 실명번호

금융기관	징수관계좌	세 목	납기 내 20 년 월 일	납기 후
합계금액				

위 금액을 수납하여 주시기 바랍니다.

○○경찰서(인) 년 월 일 수납인

<안 내 말 씀>

❖ 전면에 기재된 과태료 금액을 한국은행 국고(수납) 대리점인 은행 또는 우체국, 신용협동조합, 새마을금고, 상호저축 은행에 납부하시기 바랍니다.

❖ 위의 과태료 처분에 불복이 있는 경우 그 처분의 고지를 받은 날부터 60일 내에 해당 경찰서장에게 이의를 제기할 수 있습니다.

❖ 과태료 처분에 대한 이의가 없으면서 지정한 기한 내에 과태료를 납부하지 아니한 때에는 최대 77%까지 가산금이 부과되고, 국세(지방세) 체납처분의 예에 따라 자동차 압류 등의 방법으로 과태료를 강제 징수할 수 있음을 알려드립니다.

❖ 지정된 기한내에 특별한 사유없이 과태료를 납부하지 아니할 경우 「질서위반행위규제법」 제52조부터 제54조까지의 규정에 따라 다음과 같은 불이익을 받을 수 있습니다.

1. 체납 또는 결손처분자료가 신용정보기관에 제공될 수 있습니다.
2. 과태료를 3회 이상 체납하고 있고, 체납발생일부터 각 1년이 경과하였으며, 체납금액 합계가 500만원 이상인 경우에는 관허사업의 제한을 받을 수 있습니다.
3. 과태료를 3회 이상 체납하고 있고, 체납발생일부터 각 1년이 경과하였으며, 체납금액의 합계가 1,000만원 이상인 경우에는 법원의 결정으로 감치(監置)에 처해질 수 있습니다.

경찰청 감독명령

감독명령 제05-2호

경비지도사 직무여건 개선을 위한 감독명령

제1조(발령) 경비업법(이하 "법"이라 한다) 제24조에 의거 다음과 같이 발령하니 준수하고, 위반 시 법 제19조에 의거 행정처분 될 수 있음을 유의하시기 바랍니다.

제2조(목적) 이 명령은 선임된 경비지도사의 근무여건을 개선하여 직무를 성실하게 수행할 수 있도록 함으로써 실질적인 경비원의 자질향상을 도모하고자 함에 목적을 둔다.

제3조(적용대상) 법 제4조제1항·제6조제2항의 규정에 의하여 허가받은 법인(이하 "경비업자"라고 한다)과 법 제11조의 규정에 의하여 자격을 부여받은 경비지도사에게 적용한다.

제4조(준수사항) ① 경비업자는 다음 각호의 1에 규정된 사항을 준수하여야 한다.

1. 법 제12조제1항의 규정에 의하여 선임한 경비지도사에게 법 제12조제2항에 규정된 정당한 직무수행을 현저히 저해하는 행위를 하여서는 아니된다.
2. 선임한 경비지도사를 준관리자급으로 지정하여 경비지도사의 직무인 경비원의 지도·감독·교육을 실시할 수 있는 여건을 마련하도록 노력하여야 한다. 다만, 준관리자급이란 경비원을 지도감독할 수 있는 임원, 사무직중 관리자급(부장, 차장, 과장 등), 경비대장급 등을 의미한다.
3. 이 명령으로 인하여 경비지도사의 처우·인사·포상·보수 등에 불이익을 주어서는 아니된다.

② 경비지도사는 다음 각호의 1에 규정된 사항을 준수하여야 한다.

1. 경비지도사의 직무 수행을 빙자하여 경비업자의 정당한 지시를 거부하거나 해태하여서는 아니된다.
2. 경비지도사는 경비업법시행령 제16조제1항 별표 3 『경비지도사의 선임·배치기준』에 부합하지 않는 경우 경비업자의 선임요구를 거부하여야 한다. 단, 경비원 인원기준의 적용은 해당 경비지도사가 선임되어 지도·감독·교육 해야하는 총 경비원수로 한다.

제5조(준수사항 내용의 해석) ① 준수사항의 내용이 모호한 경우에는 법 제24조제2항에 규정된 경찰공무원의 지시 또는 해석에 의한다.

② 제1항에 의한 지시 또는 해석에 이의가 있는 경우 관할 지방경찰청장에게 재지시 또는 재해석을 요청할 수 있다.

제6조(시행일) 이 명령은 2005. 9. 1 부터 시행한다.

붙임 2 **감독명령 05-2호 해설 및 업무처리 요령**

1. **적용대상**: 전체 경비업자 및 경비지도사

2. **준수사항(제4조) 해설**

가. 제4조제1항제1호: 경비지도사의 법상 규정된 "**정당한 직무**"라 함은 경비업법 제12조제2항 및 동법시행령 제17조에 규정된 사항을 의미하며

※ 경비지도사의 정당한 직무 수행을 저해하는 제반행위를 금지하는 것임

"**현저히 저해하는 행위**"란 해당 경비지도사의 근무시간 내에 경비지도사 직무를 수행할 수 없을 정도로 경비업자가 경비지도사 근무여건을 불리하게 조성하는 행위, 경비업자의 부당한 지시 등을 의미함

나. 제4조제1항제2호: "**준관리자급**"이란 실질적으로 경비지도사가 지도·감독·교육을 실시하는 대상인 경비원이나 일반 사무원보다 상위 직급으로 보하는 것을 의미하고

※ 실질적인 경비지도사의 역할을 다 할 수 있는 최소한의 지위 이상

"**노력하여야 한다**"란 경비업자자 업체 사정을 고려하여 경비 지도사 지위향상을 위해 최대한 취할 수 있는 모든 노력을 경주해야 한다는 것임

다. 제4조제1항제3호: "**불이익을 주어서는 아니된다**"란 이 명령으로 경비지도사를 부당하게 해고하거나 형식적인 직책을 부여하는 행위, 실질적인 보수의 삭감 행위 등 불이익을 주는 일체의 행위를 금지한다는 것임

라. 제4조제2항제1호: "**정당한 지시를 거부하거나 해태**"의 의미는 준관리자급인 경비지도사가 법상 규정된 직무 외에 준관리자급으로 경비업체 자체적으로 부여될 수 있는 통상적인 업무 등을 본 감독명령을 빙자하여 따르지 않는 행위를 의미함

마. 제4조제2항제2호: 1개 경비업체의 선임기준으로 적용되었던 경비업법시행령 제16조제1항 별표 3의 규정을 1인의 경비지도사에게도 적용하는 것으로

※ 여러 경비업체에 중복으로 선임된 경비지도사의 증가로 인함

경비지도사는 1개 업체 선임된 경우 뿐만아니라 여러 업체에 선임된 경우에도 마찬가지로 자신이 최대한 맡을 수 있는 경비원의 총수 및 지역별 한계를 명확히 하고자 하는 데 목적이 있음

3. **업무처리 요령**

가. 감독명령 위반에 대한 처리

위반시 경비업법 제19조, 제20조에 의거, 행정처분 실시

※ 경비업법 제21조에 의한 청문 실시(경고사안 제외)

나. 처분의 예외

경비지도사가 경비업법상 규정된 직무를 수행하지 못한 이유가 경비업자에게 있는 경우 경비지도사의 자격정지 처분 금지. 끝.

감 독 명 령 제06-1호

제1조(발령) 경비업법 제24조 의거 다음과 같이 발령하니 준수하고, 위반 시 경비업법 제19조에 의거 행정처분 될 수 있음을 유의하시기 바랍니다.

제2조(적용대상 업종 등) 다음 각호에 해당하는 시설경비 및 관련 신변보호 업무를 도급받은 경우에 적용한다.(경비업법시행규칙 제24조제1항 각호)

1. 영 제30조의 규정에 의하여 지방경찰청장이 행사장 그 밖의 많은 사람들이 모이는 시설 또는 장소로서 혼잡 등으로 인한 위험의 발생을 방지하기 위하여 경비원에 의한 경비가 필요하다고 인정하는 장소
2. 노사분규가 진행중인 사업장 또는 노사분규가 발생할 것으로 예상되는 사업장
3. 주택재개발·재건축 관련 이해대립이 있어 다툼이 있는 장소
4. 특정 시설물의 설치와 관련하여 민원이 있는 장소
5. 주주총회와 관련하여 이해대립이 있어 다툼이 있는 장소
6. 건물 · 토지 등 부동산 및 동산에 대한 소유권·운영권·관리권·점유권 등 법적 권리에 대한 이해대립이 있어 다툼이 있는 장소

제3조(내용) 전조의 대상에 경비원을 배치할 경우 다음 각호의 1의 내용을 준수하여야 한다.

1. 배치 현장에는 반드시 경비지도사를 선임 · 배치하여야 하고, 선임된 경비지도사는 경비원의 지도·감독을 실시하여 불법행위를 방지하고, 경찰서와 연락체제를 상시 유지하여야 한다.
2. 경비업자 및 선임된 경비지도사는 배치지 경찰서에서 지시한 "경비업무시 준수사항"을 경비원 배치전까지 반드시 전수교육 하여야 한다.
3. 배치된 경비원은 동일한 복장을 착용토록 하며 안면을 가리기 위한 마스크, 두건 등을 착용하여서는 아니된다.

제4조(제05-1호와의 관계) 2005. 2. 1 발령한 감독명령 제05-1호는 이 감독명령의 발령으로 폐지한다.

2006. 2. 6

경 찰 청 장

감 독 명 령 제09-1호

(경비업법 제24조에 의거 다음과 같이 감독명령을 발령하니 준수하여 주시기 바랍니다.)

※ 위반시 법 제19조에 의거 처벌

제1조(적용 대상) 경비업법 제2조 제1호의 가목에서 마목까지의 경비업무를 수행하는 경비업자와 경비지도사에게 적용한다.

제2조(내용) 경비업자와 경비지도사는 경비업법에 따라 경비원을 배치할 경우 다음 각호의 내용을 준수하여야 한다.

1. 경비지도사는 경비원 배치현장 순회감독 계획 수립시, 월별 순회감독 일시 및 장소 등을 별지1 양식에 따라 작성, 배치지 관할 경찰서에 제출하여야 한다. 배치지가 수개인 경우는 각각의 관할 경찰서에 동일한 내용을 제출한다.
   2 이상의 경비업 법인에 동시 선임된 경우에도 이와 같다.
2. 순회감독 일정을 변경할 경우는 사전에 관할 경찰서에 변경 사유와 변경된 일정을 작성 제출하여야 한다.
3. 선임된 경비지도사는 경비원으로 근무해서는 안 된다.
   단, 배치현장을 떠나지 않고 경비원 관리·감독이 가능한 경우는 감독명령 05-2호의 '준관리자급'으로 근무할 수 있다.
4. 경비업자는 「경비업법」 제12조와 「경비업법 시행령」 제16조에 따라 경비지도사를 선임·배치하여야 하며, 자격증을 대여받거나 직무에 종사하지 않는 경비지도사와 허위 선임계약을 체결하는 등 부당행위로 경비지도사 선임의무를 회피해서는 안된다.
5. 이 명령은 2009. 10. 1부터 시행한다.

2009. 9.

경 찰 청 장

별지 1 경비지도사 순회감독 일정표

경비지도사 성명 :		자격번호 :	연락처 :	
선임업체명	경비원 배치현장 주소	순회 예정 일시	배치인원	비고

※ 필요시 난 또는 별지 추가 사용 가능

감 독 명 령 제10-1호

(경비업법 제24조에 의거 다음과 같이 감독명령을 발령하니 준수하여 주시기 바랍니다.)

※ 위반시 법 제19조에 의거 처벌

제1조(적용 대상) 경비업법 제2조제1호 '나' 항의 호송경비업무를 수행하는 법인에 적용함

제2조(내용)

가. 호송차량에서 하차하여 현금 등 중요물품을 도보로 호송할 경우 2인 이상이 하여야 한다.

나. 현금 등 중요물품이 호송차량에 적재된 경우에는 반드시 1인 이상이 차량에 잔류하여 경계근무를 하여야 한다.

다. 차량 호송시 차량내 금고는 2중 시정장치를 한 상태로 운행하여야 한다.

라. 현금 등 중요물품을 호송하는 차량은 반드시 경보기 등 안전장치를 설비한 차량이어야 한다.

마. 중요물품 호송가방에는 피탈방지용 안전고리를 장착하여야 한다.

바. 호송경비업자는 호송근무 투입 전 호송경비원에 대해 안전교육을 실시하고, 호송장비의 적정 여부를 점검하여야 한다.

사. 호송경비업자는 「파견근로자 보호 등에 관한 법률」 제5조 제5항을 위반하여 경비업무에 파견근로자를 사용하지 않아야 한다.

아. 호송업무 수행중 호송 차량이나 호송 물품을 탈취당한 경우에는 즉시 경찰관서에 신고하는 동시에 탈취된 호송물품 회수에 주력하여야 하고, 경찰관서와 유기적 체제를 유지 하여야 한다.

제3조(시행) 이 명령은 2010. 6. 1부터 시행한다.

〈피탈방지용 안전고리〉

제4조(제03-2호와의 관계) 2003. 10. 22 발령한 감독명령 제03-2호는 이 감독명령의 발령으로 폐지한다.

2010. 2.

경 찰 청 장

감독명령　　　제2016-1호

제1조(발령) 경비업법 제24조에 따라 다음과 같이 감독명령을 발령하니 준수하여 주시기 바라며, 위반시 경비업법 제19조에 따라 행정처분 될 수 있음을 유의하시기 바랍니다.

제2조(목적) 이 명령은 경비업법 제13조, 경비업법 시행령 제18조 ·제19조, 경비업법 시행규칙 제13조·제16조에 따른 경비원 직무교육을 기존의 집체교육, 현장교육 등과 병행하여 인터넷 기반의 온라인 직무교육을 신설함으로써 경비원의 전문성 향상 및 편의도모를 목적으로 한다.

제3조(적용대상) 이 명령은 경비업법 제2조제1호의 가목에서 마목까지의 경비업무를 수행하는 경비업자와 경비지도사에게 적용한다.

제4조(정의) 이 명령에서 사용하는 용어의 뜻은 다음과 같다

① "온라인 직무교육"이란 「사업주 직업능력개발훈련 지원규정」(고용노동부 고시 제2015-114호) 제2조제9호에 규정된 "원격훈련"을 통한 직무교육을 의미한다. "원격훈련"에는 "인터넷원격훈련"과 "우편원격훈련"이 있다.

② "원격훈련"이란 먼 곳에 있는 사람에게 정보통신매체 등을 이용하여 실시하는 직업능력개발훈련을 말한다.

③ "인터넷원격훈련"이란 정보통신매체를 활용하여 훈련이 실시되고 훈련생관리 등이 웹상으로 이루어지는 직업능력개발훈련을 말한다.

④ "우편원격훈련"이란 인쇄매체로 된 훈련교재를 이용하여 훈련이 실시되고 훈련생관리 등이 웹상으로 이루어지는 직업능력개발 훈련을 말한다.

제5조(교육대상) 온라인 직무교육은 경비업체에 채용되어 경비업법 제18조에 따라 배치된 경비원을 대상으로 실시한다.

제6조(교육시간) 경비원이 온라인 직무교육을 받을 경우에는 일반경비원은 매월 4시간, 특수경비원은 매월 6시간 이상으로 한다.

제7조(교육과목) 온라인 직무교육과 관련된 교육과목은 경비업법 시행규칙 제12조제1항의 일반경비원 신임교육 과목 및 동법 시행규칙 제15조제1항의 특수경비원 신임교육 과목을 준용하며, 그 밖에 경비원의 직무수행에 필요한 이론·실무과목 및 정신교양 등으로 한다.

제8조(준수사항) 경비업자 및 경비지도사는 온라인 직무교육을 실시하는 경우에는 다음 각호의 1에 규정된 사항을 준수하여야 한다.

1. (교육기관 선정) 경비업자는 고용노동부에서 직업능력개발 훈련기관으로 지정한 교육기관을 통해 소속 경비원이 온라인 직무교육을 받도록 하여야 한다.
2. (교육계획 수립) 경비지도사는 경비업법 제12조제2항·제13조제1항·제3항, 경비업법 시행령 제18조제3항·제19조제3항에 따라 경비원을 대상으로 교육계획을 수립할 경우에는 온라인 직무교육을 포함하여 교육계획을 수립하여야 하며, 이 경우 경비원의 온라인 직무교육 진행과정 및 이수 현황 등을 관리감독 하여야 한다.
3. (교육수료 확인) 경비지도사는 경비원이 온라인 직무교육을 실시한 경우 교육 이수증을 확인하고 경비업법 시행규칙상 별지 제10호의2 서식의 직무교육 실시대장에 기록하여야 한다.

제9조(금품 등 수수 금지) 경비업자 및 경비지도사는 경비원 온라인 직무교육을 실시하는 경우 교육기관 선정과 관련하여 교육기관으로부터 금품·향응 등 부당한 이익을 취하여서는 아니 된다.

제10조(시행일) 이 명령은 2016.10.1.부터 시행한다.

2016. 9. 29

경 찰 청 장

감독명령 제2017-1호

제1조(목적) 이 명령은 경비업법 제8조·제9조 및 제24조, 같은 법 시행령 제7조·제8조 및 제9조에 따라 기계경비업체의 오경보로 인한 불필요한 경찰신고를 방지하고 기계경비업체의 출동대응 등 의무를 명확히 하여 기계경비업의 건전한 발전을 도모함을 목적으로 한다.

제2조(적용 대상) 이 명령은 경비업법 제2조제1호 라목의 "기계경비업"을 허가받은 경비업체 및 해당 경비업체에 선임된 기계경비지도사를 대상으로 한다.

제3조(정의) 이 명령에서 사용하는 용어의 정의는 다음과 같다

① "선별신고제도"란 기계경비업체가 경비대상시설에 설치한 기기에 의하여 감지·송신된 정보(이하 '경보'라 한다)에 출동대응 후 범죄관련성을 확인하여 경찰로 신고하는 기준으로 확인신고와 긴급신고를 말한다.

② "확인신고"란 기계경비업체가 경보에 대하여 출동기계경비원이 현장에 출동하여 범죄관련성을 확인 후 경찰로 신고하는 '현장 확인신고'와 기계경비 관제실에서 출동기계경비원 출동지령 후 CCTV등 영상 확인 또는 음성통화 등의 방법으로 경보의 범죄관련성을 확인 후 경찰로 신고하는 '관제실 확인신고'를 말한다.

③ "긴급신고"란 경보 중 경찰의 긴급한 출동의 필요성이 인정되어 경보 수신 즉시 기계경비 관제실에서 출동기계경비원에게 출동지령 후 경찰로 신고하는 경우를 말한다.

④ "출동기계경비원"은 현장에 출동하여 대응조치를 취하는 경비원을 말하며, "관제기계경비원"은 기계경비 관제실에서 경보를 수신·분석하여 출동기계경비원에게 출동지령을 내리는 등 대응조치를 취하는 경비원을 말한다.

제4조(확인신고 원칙) 기계경비업체는 모든 경보에 대해 경비업법 제8조에 따라 현장출동 등 대응조치를 취하여야 하며, 경보의 범죄관련성이 확인된 경우에 한하여 경찰로 신고하여야 한다.

제5조(확인신고의 방법) ① "현장확인 신고"는 기계경비원이 현장에 출동하여 다음 각 호의 방법으로 범죄관련성을 확인하여 경찰로 신고하는 것을 말한다.

1. 외부 침입 흔적 발견 또는 범인 조우 및 도주 시
2. 각종 범죄 현장 목격 또는 화재 발생 현장 확인 시

② "관제실 확인 신고"는 기계경비 관제실에서 관제기계경비원이 출동기계경비원을 출동시킨 후 다음 각 호의 방법으로 범죄관련성을 확인하여 경찰로 신고하는 것을 말한다.

1. 기계경비 관제실의 음성통화(전화통화)를 통해 다음 각 목의 방법으로 범죄관련성을 확인한 경우
   가. 경보발생 구역 내에 사람이 있는 상황에서 전화를 받지 않거나, 받은 즉시 끊어 버리거나 또는 받고도 응답이 없는 경우
   나. 가입자에게 신변의 위협을 가하거나, 가입자 주변에 수상한 사람이 배회하는 등 범죄가 발생할 우려가 높다고 판단되는 신고를 가입자로부터 받았을 경우 또는 목격자의 범죄 발생 상황 신고를 접수하는 경우
   다. 전화통화 중 신고자 주변에서 협박하는 소리가 들리거나, 주변 정황으로 보아 신고자가 당황하여 말을 제대로 못하는 등 범죄 피해를 당하였다고 예상되는 경우
   라. 신고자가 사전에 약정된 암호로 범죄발생을 암시하는 경우
2. 기계경비 관제실에서 CCTV·IP카메라 등 영상을 통해 경보 발생 시설의 외부인 침입 등 범죄관련성을 확인하는 경우

제6조(긴급신고) 기계경비업자는 국가중요시설·외국공관·금융기관 내 금고(지점 내부 및 365코너는 제외한다)에서 경보가 발생하는 경우에는 출동기계경비원을 출동시킨 후 즉시 경찰로 신고하여야 한다.

제7조(긴급신고의 예외) 기계경비업체는 긴급신고에 해당하는 사유라 할지라도 출퇴근시간 경비설정 실수 등 오경보가 의심되는 경우에는 관제실의 판단에 따라 경찰로 신고를 하지 아니할 수 있다.

제8조(경찰신고 시 통보 사항) 기계경비업자는 경찰신고 시 다음 각 호의 사항을 포함하여 신고하여야 한다.

1. 경보 발생 가입자(실제 경보대상 시설의 사용자)의 이름, 성별, 주소지(경보발생지), 휴대전화 번호, 개인주택·상가 등 구체적인 가입자의 시설정보
2. 비상버튼, 감지기(출입문, 열선, 충격 등)의 구체적인 경보 발생 상황에 대한 설명
3. 신고하는 경비업체의 명칭, 출동경비원의 이름 및 휴대전화 번호

제9조(기계경비업자의 의무) ① 기계경비업자는 오경보 감소를 위한 감지장치 및 관제능력 등의 개선을 위하여 노력하여야 하고, 매년도 11월 30일까지 그 해의 개선 노력을 주사무소 관할 지방경찰청에 서면으로 보고하여야 한다.

② 기계경비업자는 매분기 경과 후 익월 15일 이내까지 별지 1의 사항을 주사무소 관할 경찰서에 서면으로 보고하여야 한다.

③ 기계경비업자는 경보로 인하여 경찰신고 한건 중 월 2회 이상 오경보를 발생시킨 가입자에 대해서는 해당 가입자 별로 오경보 방지 설명 등 조치 후 그 결과를 6개월간 보관하여야 한다.

제10조(시행) 이 명령은 2017. 11. 10.부터 시행한다.

제11조(제2013-1호와의 관계) 2013. 7. 1. 발령한 감독명령 제2013-1호는 본 감독명령의 발령으로 폐지한다.

감독명령 제2017-1호에 대한 해설 및 업무처리 요령

1. 적용 대상

○ 기계경비업체 및 기계경비지도사

2. 감독명령의 의의

○ 본 감독명령은 기계경비업체의 명확한 112신고기준을 정립하고, 출동대응 의무 등 독자적인 범죄예방 능력 확보 및 통계기반 구축을 통해 기계경비업의 건전한 발전을 도모하고자 함

3. 조문별 해설 및 업무처리 요령

가. 제4조(확인신고 원칙)

○ 기계경비업체는 경보 발생 시 현장출동, 전화확인, CCTV 확인 등을 통해 대응조치를 반드시 취해야 하며, 경보의 범죄관련성이 확인 되지 아니한 경우에는 경찰로 112신고를 하면 아니됨

○ 경보에 대한 대응능력 없이 112신고에만 의존하는 일부 업체들의 구태를 타파하고, 무분별한 112신고를 방지하여 경찰의 출동이 급박하게 필요한 국민에게 공공재인 경찰서비스가 이루어지게 하기 위함임

나. 제5조(확인신고의 방법)

○ 현장 확인은 경보 현장에 경비원이 출동하여 범죄관련성을 확인한 경우를 의미

○ 관제실 확인은 경보발생 구역에 사람이 현존하고 있어, 대인범죄의 발생 가능성이 높은 경우로 주로 가입자에 대한 전화확인을 통해 이루어지며, 사람이 현존하지 아니하는 상황이라도 관제실에서 영상정보를 통해 외부인 침입 등 범죄관련성을 명백히 확인한 경우에 이루어져야 함
이 경우, 대인범죄 가능성이 없는 상황에서 감지기 경보만으로는 112신고를 하여서는 아니됨(행정처분 대상)

※ 확인신고 처리 과정

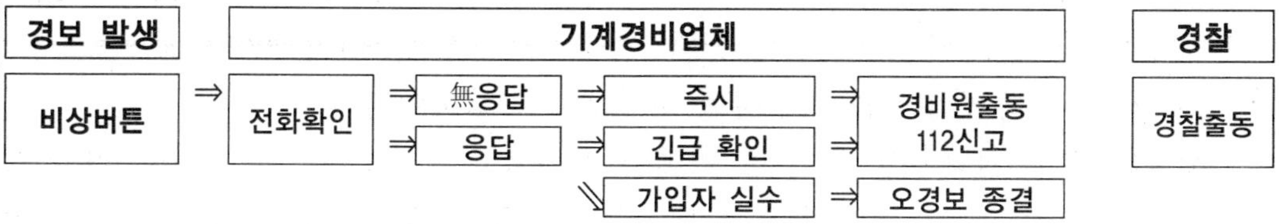

다. 제6조(긴급신고)

○ 긴급신고 대상은 국가중요시설, 외국공관, 금고가 있는 금융기관으로 함

○ 기계경비업자는 긴급신고를 할 경우에도 반드시 출동경비원을 현장에 출동시킨 후에 경찰로 신고하여야 함

라. 제7조(긴급신고의 예외)

○ 기계경비업체의 기기와 관제 능력의 발달로 관제실에서 경보의 명백한 오경보는 구분할 수 있으므로, 긴급신고 대상이라고 하더라도 출퇴근 시간의 경비설정 실수 등 오경보가 의심되는 경우에는 관제실의 판단에 따라 불필요한 경찰신고를 하지 아니할 수 있도록 함

마. 제8조(경찰신고 시 통보 사항)

○ 기계경비업체의 신고를 받고 출동하는 경찰관이 현장의 상황에 대한 사전정보를 숙지하고 피습에 대비할 수 있도록, 기계경비업체의 112신고 시 포함되어야 하는 사항을 규정함

○ 특히 가입자의 시설정보는 '노래방, 유흥주점, 단독주택, 상가빌딩의 몇층, 00업체의 귀중품창고 등'출동하는 경찰관이 파악할 수 있을 정도의 정보를 간략하게 제공

○ 경보 발생 가입자와 경보대상 시설의 실제 사용자는 다를 수 있으므로, 112신고 시 경보발생 시설의 실제 사용자에 대한 정보를 통보

※ 예를 들어 기업체 등에서 여러 건물을 1건으로 기계경비에 가입하여, 가입자와 실제 건물의 관리·사용 담당자가 다른 경우 등

○ 기계경비업체는 112신고 시 업체의 명칭, 출동경비원의 이름 및 휴대전화 번호를 포함하여 출동경찰관이 출동경비원과 유기적으로 상황파악을 할 수 있도록 함

바. 제9조(기계경비업자의 의무)

○ 기계경비업자는 오경보 개선을 위한 노력을 다하여야 하고, 매년도 11월 30일

까지 그 해의 오경보 개선 노력을 주사무소를 관할하는 지방경찰청 생활안전계(관할서 생활안전계도 가능)로 제출하여야 함

○ 매분기 종료 후 15일 이내까지 별지 1에 따른 기계경비업자의 각종 신고사항을 주사무소를 관할하는 경찰서에 서면으로 보고하여야 함

○ 오경보 중 고객실수가 매우 큰 비중을 차지하고 있으므로, 112신고를 한 경보 중 오경보를 발생시킨 가입자에 대해서는 해당 가입자별로 오경보 방지를 위한 설명 등 조치 후(확인서 등 작성) 그 결과를 오경보 발생일로부터 6개월간 주사무소에 보관하여야 함

4. 별지1 「기계경비업자의 보고사항」

○ 상단에는 경비업체명, 허가지방경찰청, 경비업체의 본 업무 담당자, 허가번호, 관할경찰서, 경비업체 담당자의 연락처를 기재

업체명		허가청		담당자 성명(직책)	
허가번호		관할서		연락처	

○ 「경비업체 총경보」에는 해당 분기동안 경비업체에서 가입자들로부터 수신한 모든 비상버튼과 감지기 경보의 통계를 입력

○ 「경비업체 자체출동」에는 경보를 수신하고 경비업체에서 출동을 한 모든 건수를 비상버튼과 감지기로 나누어서 기재하되, 둘 모두 경보가 발생한 경우는 비상벨 항목에 기재

경비업체 총경보	
벨	감
계:	

경비업체 자체출동	
벨	감
계:	

○ 「기계경비업체에서 경찰로 112신고한 총 기록」은 기계경비업체에서 해당 분기에 112신고한 모든 건수를 기재하는 것임

따라서, 경비업체 자체출동 건수는 112신고한 총 기록보다 더 많아야 함

경찰에서는 112통합관제실의 사건처리 사항을 모두 기록관리하고 있는바, 해당 경비업체의 신고전화번호 등을 바탕으로 경비업체의 112신고를 확인하고 있으며, 경비업체는 별도의 지령·출동, 사건처리에 대한 기록 시스템을 갖추어야 함

「112신고 중 실경보」의 '기타'항목은 열거된 범죄유형 외의 범죄와 '음주소란·분쟁·누수 등' 실제 경보가 울릴 사유가 발생한 건을 의미함

<table>
<tr><th colspan="21">기계경비업체에서 경찰로 112신고한 총 기록</th></tr>
<tr><th colspan="2" rowspan="3">구분</th><th colspan="14">112신고 중 실경보(건)</th><th colspan="5">112신고 중 오경보(건)</th></tr>
<tr><th colspan="2">절도</th><th colspan="2">침입미수</th><th colspan="2">강도</th><th colspan="2">폭력</th><th colspan="2">화재</th><th colspan="2">성범죄</th><th colspan="2">기타</th><th colspan="2">고객실수</th><th colspan="3">기기오작동</th></tr>
<tr><th>벨</th><th>감</th><th>벨</th><th>감</th><th>벨</th><th>감</th><th>벨</th><th>감</th><th>벨</th><th>감</th><th>벨</th><th>감</th><th>벨</th><th>감</th><th>벨</th><th>감</th><th>장비노후</th><th>통신장애</th><th>기타</th></tr>
<tr><td rowspan="3">긴급신고</td><td>국가중요시설</td><td></td><td></td><td></td><td></td><td></td><td></td><td></td><td></td><td></td><td></td><td></td><td></td><td></td><td></td><td></td><td></td><td></td><td></td><td></td></tr>
<tr><td>은행금고</td><td></td><td></td><td></td><td></td><td></td><td></td><td></td><td></td><td></td><td></td><td></td><td></td><td></td><td></td><td></td><td></td><td></td><td></td><td></td></tr>
<tr><td>외국공관</td><td></td><td></td><td></td><td></td><td></td><td></td><td></td><td></td><td></td><td></td><td></td><td></td><td></td><td></td><td></td><td></td><td></td><td></td><td></td></tr>
<tr><td rowspan="2">확인신고</td><td>현장확인</td><td></td><td></td><td></td><td></td><td></td><td></td><td></td><td></td><td></td><td></td><td></td><td></td><td></td><td></td><td></td><td></td><td></td><td></td><td></td></tr>
<tr><td>관제확인</td><td></td><td></td><td></td><td></td><td></td><td></td><td></td><td></td><td></td><td></td><td></td><td></td><td></td><td></td><td></td><td></td><td></td><td></td><td></td></tr>
</table>

○ 「대응능력」은 경비업체의 실질적인 대응능력을 파악하기 위한 것으로, 출동경비원과 관제경비원의 수, 출동차량의 수를 기재

<table>
<tr><th colspan="2">대응능력</th></tr>
<tr><th colspan="2">경비원(명)</th></tr>
<tr><td>출동</td><td>관제</td></tr>
<tr><td></td><td></td></tr>
<tr><th colspan="2">출동차량(대)</th></tr>
<tr><td>차량</td><td>이륜차</td></tr>
<tr><td></td><td></td></tr>
</table>

○ 「연간도급실적」과 「가입자 수」는 기계경비업체의 규모를 확인하기 위한 것으로, 규모와 「대응능력」 등을 종합적으로 검토하여 기계경비업의 지속적인 개선과 발전을 도모하기 위함임

연간도급실적은 해당 경비업체의 직전 회계연도의 기계경비 관련 실적을 기록하는 것이므로, 분기별 실적을 기재하는 것이 아님에 유의

가입자수는 매분기 종료 시점을 기준으로 가입한 가입자의 수를 의미, 다만 가

입자 1명으로 복수 경비대상시설을 가입한 경우에는 복수의 경비대상시설 만큼을 가입자 수로 봄

연간도급실적
원
가입자 수

5. 감독명령 위반에 대한 처리

○ 법 제24조 등에 따라 감독명령 위반 시 행정처분의 대상이 될 수 있음

경비업체 보안업무 관리규칙

경비업체 보안업무 관리규칙

[시행 2015.7.31] [경찰청훈령 제775호, 2015.7.28, 타법개정]

경찰청(생활안전과) 02-3150-1331

제1조(목적) 이 규칙은 「보안업무규정 시행규칙」제4조, 제69조제2항에 따라 경비업체가 국가 기밀에 속하는 보안업무를 수행하기 위하여 비밀취급 인가 및 관리 등에 관하여 필요한 사항을 규정함을 목적으로 한다.

제2조(정의) 이 규칙에서 사용하는 용어의 정의는 다음과 같다.

1. "경비업체"란 「경비업법」 제2조 및 제3조에 따라 국가중요시설 등 기타 경비를 요하는 시설 및 장소에서 화재, 도난 등의 위해발생을 방지하는 업무를 수행하기 위하여 지방경찰청장의 허가를 받아 설립된 법인체를 말한다.
2. "국가기밀"이란 그 내용이 누설될 경우 국가안전보장에 위해(危害)한 결과를 초래할 우려가 있는 국가기밀로서 「보안업무규정 시행규칙」에 따라 비밀로 분류한 각종문서, 시설 및 장소를 말한다.

제3조(적용) 이 규칙은 주사무소를 관할하는 지방경찰청으로부터 비밀취급 인가를 받고자 하는 경비업체 및 비밀취급인가를 받은 경비업체(이하 "업체"라 한다)에 적용한다.

제4조(업체의 결격사유) 지방경찰청장은 업체의 대표자 및 이사급 중에서 다음 각 호의 어느 하나에 해당하는 경우는 비밀취급을 인가할 수 없다.

1. 이 규칙을 위반하여 비밀취급인가가 해제된 후 2년을 경과하지 아니한 업체
2. 국가정보원 보안측정결과 부적합 판정을 받은 업체

제5조(업체의 비밀취급) ① 비밀을 취급하고자 하는 업체의 대표자는 지방경찰청장에게 비밀취급인가 신청을 하여야 한다.

② 업체의 대표자는 비밀취급인가를 신청할 때에는 업체현황에 관한 서류를 첨부하여야 한다.

제6조(비밀취급업체선정 심사) ① 지방경찰청장은 비밀취급 대상업체를 선정하기 위하여 지방경찰청 생활안전과에 비밀취급업체 선정 심사위원회(이하 "심사위원회"라 한다)를 구성 운영한다.

② 위원회는 위원장, 부위원장 각 1인을 포함하여 6인 이내의 위원으로 구성한다.

③ 위원장은 지방경찰청 생활안전과장으로 하고, 위원은 지방경찰청장이 지명하는 경감이상의 경찰공무원으로 한다.

④ 위원회는 재적위원 과반수의 찬성으로 의결한다.

⑤ 위원회는 사무처리를 위하여 간사 1인을 둘 수 있으며, 간사는 지방경찰청 생활안전과의 경비업 담당자가 된다.

제7조(업체의 보안측정 요청) 업체가 비밀취급인가 신청을 하고자 할 때에는 다음 각호의 구비서류를 첨부하여 경찰청 생활안전과 분임 보안담당관을 경유하여 국가정보원에 보안측정을 요청하여야 한다.

1. 명칭 소재지 및 대표자와 이사급 성명(신원진술서 4부)
2. 연혁
3. 임무기능 및 능력
4. 시설의 평면도
5. 관할경찰서
6. 측정이유
7. 기타 참고사항

제8조(신원조사) ① 업체는 보안측정을 요청하기 전에 비밀작업에 종사하게 될 임직원에 대한 신원조사를 지방경찰청 생활안전과 분임 보안담당관(이하 "지방청보안담당관"이라 한다)에게 요청하여야 한다.

② 지방청보안담당관은 업체 임직원에 대한 신원조사를 실시하고 그 결과를 별지 제1호서식의 신원조회대장에 기록·관리한다. 이 경우 단기 잡역종사자에 대하여는 작업을 위장하며 비밀이 노출되지 아니하도록 보안조치를 한 후 신원증명서를 받고 신원조사를 생략할 수 있다.

③ 업체가 신원조사를 의뢰할 때에는 다음 각호의 서류를 지방청보안담당관에게 제출하여야 한다.

1. 별지 제2호서식의 대상자 연명부 1부
2. 별지 제3호서식의 신원진술서 5부
3. 사진(최근 3개월이내 촬영한 반명함판) 5매
4. 기본증명서 1통(기재사유가 생략되지 아니한 것)

④ 지방청보안담당관은 신원조사 결과의 적합여부를 업체에 통보하고, 업체의 대표자는 신원특이자가 비밀을 열람하거나 비밀작업에 종사하지 않도록 신상관리 책임을 진다.

제9조(업체의 비밀취급인가 및 해제) ① 지방경찰청장은 업체의 비밀취급인가 신청을 받은 때에는 심사위원회의 심의를 거쳐 국가정보원의 보안측정 결과, 적정판정이 된 업체에 대하여 서약서를 받고 비밀취급을 인가한다. 이 경우 유효기간은 2년으로 한다.

② 유효기간이 만료된 업체에 대한 재인가가 필요한 때에는 유효기간 2개월 전까지 제1항에 따라 재신청 하도록 하여야 한다. 단, 이 경우 제7조의 규정에도

불구하고 국가정보원의 보안측정은 지방경찰청의 보안지도·점검으로 대체한다.

③ 지방경찰청장은 업체가 다음 각호의 어느 하나에 해당하는 경우에는 비밀취급 인가를 해제할 수 있다.

1. 보안점검결과 제24조 각호의 어느 하나에 해당하여 연2회 이상 경고처분을 받은 경우
2. 보안사고가 발생한 경우
3. 업체가 해체된 경우
4. 업체의 고의 또는 중대한 과실로 그 시설의 기능수행에 지장을 초래하게 한 경우
5. 정당한 사유없이 제19조에 따른 영업장소 이전 및 대표자 변경신고를 하지 않은 경우

④ 지방청보안담당관은 업체의 신규인가, 재인가 및 인가의 해제 사실을 업체의 대표에게 통보하여야 한다.

제10조(종사원의 등록증) ① 업체는 보안업무 및 보안을 요하는 시설에 종사하게 할 요원에 대하여는 비밀취급을 인가하는 증명서인 비밀취급종사원등록증(이하 "종사원 등록증"이라 한다)을 발급받도록 하여야 한다.

② 업체는 제1항에 따라 종사원등록증을 발급받고자 할 때에는 별지 제4호서식의 종사원등록증 발급신청서를 지방청보안담당관에게 제출하여야 한다.

③ 지방청보안담당관은 제2항의 발급신청서를 제출받은 때에는 이를 심사하여 적합하다고 인정하는 자에 대하여는 별지 제5호서식의 서약서를 제출받은 후 별지 제6호서식의 종사원등록증을 발급하여야 한다.

④ 지방청보안담당관은 종사원등록증 발급대장을, 업체는 별지 제7호서식의 종사원등록대장을 비치하고 항시 기록 유지하여야 한다.

⑤ 비밀작업종사자는 작업할 때에는 종사원 등록증을 패용하여야 하며 작업이 끝나면 업체의 보안책임자에게 반납하여야 한다.

⑥ 업체의 대표는 업체의 해산, 인가의 해제, 종사원의 퇴직 기타 비밀취급을 할 필요가 없게 된 경우에는 지체없이 종사원등록증을 회수하여 지방청보안담당관에게 반납하여야 한다.

⑦ 지방경찰청장은 제6항에 따라 종사원등록증을 제출받은 경우에는 그에 대한 비밀취급인가 해제조치를 하여야 한다.

제11조(보안담당관 및 비밀보관 책임자) ① 업체는 종사원등록증 소지자 중에서 이사급을 업체의 보안담당관(이하 "업체보안담당관"이라 한다)으로 임명하고, 작업자인 부장급을 업체의 분임 보안담당관(이하 "업체분임보안담당관"이라 한다)으로 임명하여, 지방청보안담당관에게 등록서를 제출하여야 한다.

② 업체보안담당관 및 업체분임보안담당관은 다음 각호의 임무를 수행한다.

1. 보안업무의 계획, 조정 및 총괄
2. 보안교육 실시
3. 서약의 집행
4. 비밀작업을 할 때에 자체보안 대책 강구
5. 자체보안 내규의 작성 및 시행
6. 종사원 등록증의 보관관리

③ 업체보안담당관은 업체의 비밀을 관리하기 위하여 종사원등록증을 소지한 실무부서 책임자 중에서 부장급으로 비밀보안책임자를 지정하고, 공사장에는 과장급으로 분임보안책임자를 임명하여야 한다.

④ 비밀보안책임자 및 분임보안책임자는 다음 각호의 임무를 수행한다.

1. 비밀의 누설, 도난, 분실 및 손괴 등의 방지
2. 비밀을 최선의 상태로 보관하며 비밀관리기록부, 비밀열람기록전, 작업일지 및 대출부의 기록 유지

제12조(비밀의 관리) ① 경비 계약체결 대상 사업체로부터 비밀을 접수 또는 대여받은 업체의 비밀보관책임자는 별지 제8호서식의 비밀관리기록부를 비치 기록하고 비밀보관 용기에 보관하여야 한다.

② 비밀을 열람한 자는 별지 제9호서식의 비밀열람기록전에 기록하여야 하며, 비밀에서 분리할 경우에는 따로 편철하여야 한다.

③ 작업수행상 비밀이 내포된 내역서 등을 분리하여야 할 경우 비밀보관책임자는 분리하여 작업을 할 수 있으며, 일일작업이 끝나면 반드시 회수하여 보관하여야 한다.

④ 경비기기 설치작업이 완료된 비밀은 계약체결대상 사업체에 반납하고, 비밀관리 기록부에 수령인을 받아야 한다.

⑤ 업체에서 사용하고 있는 비밀작업 서식류의 기록은 가제목을 사용하여 비밀내용이 노출되지 않도록 하여야 한다.

⑥ 경비 시설공사 관련 비밀서류는 업체에서만 열람하는 것을 원칙으로 한다. 다만, 이를 공사현장에 가져가지 아니하고는 작업이 불가능한 경우에 한하여 업체보안담당관의 승인을 얻어 반출할 수 있고, 업체보안담당관은 공사현장에서의 보안대책 강구 실태를 확인한 후 이를 승인하여야 한다.

⑦ 비밀을 접수 또는 대여받은 업체는 이를 복제, 복사 또는 사진촬영을 할 수 없다. 다만, 작업의 수행상 부득이 복제, 복사하여야 할 사정이 있는 때에는 공사시행기관장의 승인을 얻어 복제 또는 복사하되 작업이 완료된 후에는 지체없이 업체보안담당관의 확인하에 파기하여야 한다.

⑧ 시공업체의 보안담당관은 비밀장비공사의 개시와 공사완료 또는 공사중단 상황을 지방청보안담당관에게 보고하여야 한다.

제13조(보관용기의 비치) ①업체는 비밀을 보관하기 위하여 금고 또는 이중장치가 된 견고한 보관함을 비치하여야 한다.

② 제작이 완료된 비밀 장비는 도난, 화재 또는 파괴로부터 보호하고 비밀취급인가자 이외의 자의 접근을 방지할 수 있는 견고한 시설에 보관하여야 한다.

③ 업체는 비밀 장비가 설치된 지역을 통제구역으로 설정하여, 비밀취급인가자이외의 출입자를 통제하고, 이를 출입자명부에 기록 유지하여야 한다.

제14조(복제, 복사 또는 사진촬영 금지) ① 내역서 등은 복제, 복사 또는 사진촬영을 할 수 없다. 다만, 작업수행상 그 일부분을 복제, 복사 또는 사진촬영을 하여야 할 경우에는 업체보안담당관의 승인을 얻어 할 수 있으며, 작업이 완료된 후에는 업체보안담당관의 확인하에 소각 또는 반납하여야 한다.

② 업체는 비밀에 속하는 장비(시설물 포함)의 설명서, 기기동작 설명서 또는 사용설명서 등을 발간(인쇄, 프린트, 공판 등) 하고자 할 때에는 회사 대표의 사전 승인을 받아 계약체결 대상 사업체 보안담당관 입회하에 비밀발간업체에서 소요 최소부수만을 발간하여야 한다.

③ 비밀장비 제작 및 비밀공사(이하 장비제작 및 공사라 한다)에 따라 제작품, 비밀사항이 내포된 물품(장비의 설명서 및 기기동작 설명서를 포함한다) 및 시설도면 등은 견본, 작업실적, 기타 참고용 등의 명목으로 보관할 수 없다.

제15조(제작 및 공사) ① 시공업체는 경비 계약을 체결한 사항의 전부 또는 일부를 다른 업체에 하도급을 할 수 없다. 다만, 비밀이 아닌 사항에 대하여는 그러하지 아니한다.

② 시공업체의 보안담당관은 장비제작 및 공사에 투입되는 종사자의 인적사항을 확인하고 작업에 따른 자체보안 대책을 수립하여 사전에 계약체결 대상 업체의 보안담당관에게 제시하여야 하며, 종사원등록증 미소지자에 대하여는 작업장의 출입을 제한하여야 한다.

③ 비밀장비 및 시설공사에 투입되는 인원은 부득이한 경우를 제외하고는 공정별로 교체하여 공사전반에 대한 내용을 파악하지 못하도록 하여야 한다.

제16조(작업장의 설치) ① 비밀작업장은 일반작업장과 구분하여 설치하여야 하고, 업체보안담당관의 감독하에 출입인원을 제한하여야 한다.

② 비밀작업장 또는 작업수행상 중요한 시설에는 지정출입자 이외의 출입을 금지하며 출입 현황을 별지 제10호서식의 통제구역 출입자명부에 기록 유지하여야 한다.

③ 업체는 공사완료일까지 매일 공정별 작업상황을 별지 제11호서식의 작업일지에 기록하여야 한다.

제17조(비밀의 전파 금지) ① 비밀작업에 종사한 자는 작업중에 알게된 사항을 일체 타인에게 전파, 누설, 공개 또는 유출하여서는 아니된다.

② 비밀작업에 종사하는 자에게 비밀에 해당하는 사항을 전화로 문의 또는 연락하여서는 아니 된다.

③ 지방청보안담당관은 업체의 보안업무에 관한 조정감독권을 가지며, 업체의 보안상태와 그 이행여부를 확인하기 위하여 정기 또는 불시에 보안지도 점검을 실시할 수 있으며, 필요할 때에는 업체에 관계서류의 제시를 요구할 수 있다.

④ 지방청보안담당관은 업체 임직원에 대하여 연 1회 이상 보안교육을 실시하여야 한다.

제18조(광고금지와 숙직원의 배치) ① 업체는 대외적으로 비밀공사업체임을 광고하여서는 아니 된다.

② 업체는 장비 제작 및 공사중에 비밀을 보관하고 있을 때에는 숙직원을 배치하고, 별지 제12호서식의 숙직일지를 비치·기록하여야 한다. 다만, 기계경비시설을 설치한 경우에는 그러하지 아니하다.

제19조(영업장소의 이전과 대표자 변경) ① 업체가 영업장소를 이전한 때에는 그 사실을 3일 이내에 지방경찰청 생활안전과에 통보하고, 1개월 이내에 보안 측정을 요청하여야 한다.

② 업체가 대표자를 변경한 때에는 그 사실을 3일 이내에 지방경찰청 생활안전과에 통보하고, 1개월 이내에 제8조에 따른 신원조사를 요청하여야 한다.

제20조(비상시의 대비) ① 비밀작업중인 업체가 다음 각호의 어느 하나에 해당하는 경우에는 즉시 경찰서 및 지방청보안담당관에게 보고하여야 한다.

1. 보관중인 비밀과 작업중인 비밀을 도난 또는 분실한 경우
2. 공휴일 또는 야간에 비상사태가 발생한 경우
3. 화재가 발생한 경우
4. 기타 보안에 대한 사고 발생

② 업체는 제1항제2호에서 제4호까지의 비상사태에 대비하기 위하여 비밀안전지출 및 파기계획을 수립, 시행하여야 한다.

③ 업체는 야간에 비밀의 도난 및 화재예방을 위하여 비밀보관함에는 경보장치를 설치하고, 비밀보관장소와 숙직실간에 비상벨을 설치하는 등의 비밀보호 대책을 강구하여야 한다.

제21조(전산장비 이용 비밀작업시 보안관리) 전산장비를 이용하여 비밀자료를 입·출력할 때에는 「경찰 정보통신 운영규칙」에 정한 각종 보안대책을 성실히 이행하여야 한다.

第22조(보안지도 점검 및 교육) 지방경찰청장은 보안 특례업체에 대하여 연 1회 이상 보안지도 점검 및 교육을 실시하여야 한다.

第23조(업체의 준수사항) ① 업체보안담당관은 현실성 있는 자체 보안내규를 수립하여 지방청보안담당관에게 조정 · 검토를 받은 후 시행하여야 한다.

② 업체는 비밀공사를 할 때에는 사전 공사 준비단계, 작업단계 등 각 공정별로 보안대책을 수립, 시행하여야 한다.

第24조(불성실 업체에 대한 조치) 지방경찰청장은 업체가 이 규칙에 따른 명령, 지시, 의무규정 등을 위반하여 보안관리상 상당한 지장을 초래하였을 경우에는 경고조치를 할 수 있다.

第25조(보안사고 보고) ① 업체는 보안사고가 발생하였을 때에는 다음 각호의 사항을 지방경찰청장에게 보고하여야 한다.

1. 일시 · 장소
2. 사고자 인적사항
3. 사고내용(육하원칙에 따라 기재)
4. 조치사항

② 업체는 보안사고를 방관한 자 또는 사고의 발생을 인지하고도 보고하지 아니한 자에 대하여는 적절한 징계조치를 하여야 한다.

第26조(재검토기한) 경찰청장은 「훈령 · 예규 등의 발령 및 관리에 관한 규정」에 따라 이 훈령에 대하여 2016년 1월 1일을 기준으로 3년(매 3년째의 12월 31일까지를 말한다)마다 그 타당성을 검토하여 개선 등의 조치를 하여야 한다.

부칙 〈제775호, 2015.7.28〉

이 훈령은 2015년 7월 31일부터 시행한다.

[별지 제1호서식]

신 원 대 장

연번 (1)	직급 (2)	직위 (3)	성명 (4)	신 원 대 장				임용또는 전입일자 (9)	비고
				목적 (5)	의뢰일자 (6)	회신일자 (7)	내용 (8)		

[별지 제2호서식]

신 원 조 사 연 명 부

연번	성명	생년월일	직급	직위	조사목적	비고

※ 기재요령

1. 직급, 직위 : 현직급, 직위 또는 예정 부여 직급, 직위
2. 조사목적 : 구체적으로 기입할 것.

[별지 제3호 서식]

사 진 (3cm×4cm)

신원진술서(약식)

※ 모든 기재사항은 빠짐없이 기재하여 주시기 바랍니다.

성 명(한자)	(　　)	주민등록번호	-

등록기준지		연락처	자　　택 : 직　　장 : 휴 대 폰 : E-mail : 블로그 : 미니홈피:
주소			
직 장	직장명 : 소재지 :		

신장	cm	체중	kg	혈액형	형

병역	군별	병과	최종계급	군번	기간	미필사유
					. . ~ . .	

학력	학교명	기 간	전공학과	학위	소재지
		. . ~ . .			
		. . ~ . .			
		. . ~ . .			
		. . ~ . .			

경력	기관, 업체 및 정당, 사회단체명	기 간	직책(직급)	상벌관계(일자)
		. . ~ . .		
		. . ~ . .		
		. . ~ . .		

부모 배우자 자녀	관 계	성 명	생년월일	관 계	성 명	생년월일

1. 이 내용은 사실과 다름이 없으며, 사실관계의 확인을 위하여 「개인정보보호법」에 따라 신원조사에 필요한 개인정보의 활용에 동의합니다.
2. 불성실 또는 허위기재 사실이 있을 경우 관계법령에 따라 불이익을 받을 수 있다는 사실을 고지 받았음을 확인합니다.

년　　월　　일

작성자 성명　　　　(인)(서명 또는 날인)

210mm×297mm(일반용지 60g/㎡(재활용품)

[별지 제4호서식]

업 체 명

분류기호 2 0 . . .

수 신 발 신 (인)

참 조

종사원등록증 (인가 · 해제 / 등급변경) 신청서

소 속	직 책	성 명	주민등록 번 호	성 별	생년 월일	비밀 등급	사 유	비 고

[별지 제5호서식]

서 약 서

본인은 년 월 일부로 으로 근무함에 있어 다음 사항을 준수할 것을 엄숙히 서약한다.

1. 본인은 비밀로 분류될 성질의 업무를 수행함에 있어 이에 관련된 소관업무가 국가안전보장에 관한 기밀임을 인정한다.

2. 본인은 이 기밀을 누설함이 이적행위가 됨을 자각하고 보안관계 제규정을 시간과 지역에 제한없이 성실히 이행하며 재직중은 물론 퇴직후에도 직무상 지득한 제반 비밀사항을 일체 누설하지 않을 것을 서약한다.

3. 본인이 기밀을 누설한 때에는 동기여하를 막론하고 그 결과가 반국가적 행위임을 자인하고 아래 제법규에 의거하여 엄중한 처벌을 받을 것을 서약한다.

   가. 국가보안법 제4조제1항제2호 및 제5호(국가기밀누설 등)
   나. 형법 제99조(일반이적)
   다. 형법 제127조(공무상 비밀의 누설)
   라. 군형법 제14조제8호(일반이적)
   마. 군형법 제80조(군사기밀 누설)
   바. 군사기밀보호법 제13조(업무상 누설)
   사. 군사기밀보호법 제14조(업무상 과실 누설)

년 월 일

서약자소속	직 급	주민등록번호
	직 위	성 명 (인)
서약집행자소속	직 급	주민등록번호
	직 위	성 명 (인)

[별지 제6호서식]

[별지 제6호서식]

전면 (7.5 cm)

종사원등록증 (2급 비밀취급)	0.8 cm
사 진	4 cm
발급번호 :	0.9 cm
성 명 :	1 cm
회 사 명 :	0.8 cm

후면 (7.5 cm)

회 사 명 :___________	
직 위 :___________	0.8 cm
성 명 :___________	1 cm
주민등록 번 호 :___________	0.8 cm
위 사람은 비밀취급(Ⅱ급 비밀)종사원으로 등록된 자임 20 . . . 00 지방경찰청	
이 증을 습득하신 분은 가까운 우체함에 넣어주시기 바랍니다.	

※ **황색바탕 흑색글씨 인쇄**

[별지 제7호서식]

비밀취급 종사원 등록증 발급대장

(1) 연번	(2) 직책 (소속)	(3) 직급	(4) 성명 (주민등록번호)	인 가		해 제		(9) 비고
				(5) 등급	(6) 년월일	(7) 사유	(8) 년월일	

[별지 제8호서식]

비 밀 관 리 기 록 부

업체명 : 보관책임자 :

관리번호	수발			문서번호	비밀등급	형태	건명	사본번호	예고문	처리담당	보관장소	재분류					
	년월일	발행처	수신처									등급변경	파기	파기확인	근거	영수증	수령자인

[별지 제9호서식]

비 밀 열 람 기 록 전

( )급비밀

년월일	소속 및 직책	인가등급	주민등록번호	성명	열람목적	날인 또는 서명

[별지 제10호서식]

[제한구역 / 통제구역] 출 입 자 명 부

소 속	신분증	번 호	직 위	직 급	성 명	출입일시	
						부 터	까 지

[별지 제11호서식]

비 밀 작 업 일 지

작업 일시	작업구분 (타자)	비밀 등급	건명 분류 번호	복사 부수	작 업 자			요 구 자		인수자 (인)
					인가 등급	직위	성명	직위	성명	

[별지 제12호서식]

숙 직 일 지

20 년 월 일 요일	대표자인		입회관 사후검열인	

보 관 중 인 비 밀 문 서

수요기관	제목 또는 가 제목	비밀 등급	수량	접수 또는 작성일시	보관장소	비고

숙 직 사 항

보관상태의 이상유무	확 인 시 간	내 용

기타사항

숙직자	부서		직책		성명		인

청원경찰법령

청원경찰법(법률-시행령-시행규칙)

청원경찰법 [법률 제14839호, 2017.7.26., 타법개정]	청원경찰법 시행령 [대통령령 제28215호, 2017.7.26., 타법개정]	청원경찰법 시행규칙 [행정안전부령 제3호, 2017.7.26., 타법개정]
제1조(목적) 이 법은 청원경찰의 직무·임용·배치·보수·사회보장 및 그 밖에 필요한 사항을 규정함으로써 청원경찰의 원활한 운영을 목적으로 한다. [전문개정 2010.2.4]	**제1조(목적)** 이 영은 「청원경찰법」에서 위임된 사항과 그 시행에 필요한 사항을 규정함을 목적으로 한다.	**제1조(목적)** 이 규칙은 「청원경찰법」 및 같은 법 시행령에서 위임된 사항과 그 시행에 필요한 사항을 규정함을 목적으로 한다.
제2조(정의) 이 법에서 "청원경찰"이란 다음 각 호의 어느 하나에 해당하는 기관의 장 또는 시설·사업장 등의 경영자가 경비[이하 "청원경찰경비"(請願警察經費)라 한다]를 부담할 것을 조건으로 경찰의 배치를 신청하는 경우 그 기관·시설 또는 사업장 등의 경비(警備)를 담당하게 하기 위하여 배치하는 경찰을 말한다. 〈개정 2013.3.23, 2014.11.19, 2017.7.26〉 1. 국가기관 또는 공공단체와 그 관리하에 있는 중요 시설 또는 사업장 2. 국내 주재(駐在) 외국기관 3. 그 밖에 행정안전부령으로 정하는 중요 시설, 사업장 또는 장소 [전문개정 2010.2.4]		**제2조(배치 대상)** 「청원경찰법」(이하 "법"이라 한다) 제2조제3호에서 "그 밖에 행정안전부령으로 정하는 중요 시설, 사업장 또는 장소"란 다음 각 호의 시설, 사업장 또는 장소를 말한다. 〈개정 2013.3.23, 2014.11.19, 2017.7.26〉 1. 선박, 항공기 등 수송시설 2. 금융 또는 보험을 업(業)으로 하는 시설 또는 사업장 3. 언론, 통신, 방송 또는 인쇄를 업으로 하는 시설 또는 사업장 4. 학교 등 육영시설 5. 「의료법」에 따른 의료기관 6. 그 밖에 공공의 안녕질서 유지와 국민경제를 위하여 고도의 경비(警備)가 필요한 중요 시설, 사업체 또는 장소
제3조(청원경찰의 직무) 청원경찰은 제4조제2항에 따라 청원경찰의 배치 결정을 받은 자[이하 "청원주"(請願主)라 한다]와 배치된 기관·시설 또는 사업장 등의 구역을 관할하는 경찰서장의 감독을 받아 그 경비구역만의 경비를 목적으로 필요한 범위에서 「경찰관 직무집행법」에 따른 경찰관의 직무를 수행한다. 〈개정 2014.5.20〉 [전문개정 2010.2.4]		

제4조(청원경찰의 배치) ① 청원경찰을 배치받으려는 자는 대통령령으로 정하는 바에 따라 관할 지방경찰청장에게 청원경찰 배치를 신청하여야 한다.
② 지방경찰청장은 제1항의 청원경찰 배치 신청을 받으면 지체 없이 그 배치 여부를 결정하여 신청인에게 알려야 한다.
③ 지방경찰청장은 청원경찰 배치가 필요하다고 인정하는 기관의 장 또는 시설·사업장의 경영자에게 청원경찰을 배치할 것을 요청할 수 있다.
[전문개정 2010.2.4]

제2조(청원경찰의 배치 신청 등) 「청원경찰법」(이하 "법"이라 한다) 제4조제1항에 따라 청원경찰의 배치를 받으려는 자는 청원경찰 배치신청서에 다음 각 호의 서류를 첨부하여 법 제2조 각 호의 기관·시설·사업장 또는 장소(이하 "사업장"이라 한다)의 소재지를 관할하는 경찰서장(이하 "관할 경찰서장"이라 한다)을 거쳐 지방경찰청장에게 제출하여야 한다. 이 경우 배치 장소가 둘 이상의 도(특별시, 광역시, 특별자치시 및 특별자치도를 포함한다. 이하 같다)일 때에는 주된 사업장의 관할 경찰서장을 거쳐 지방경찰청장에게 한꺼번에 신청할 수 있다. 〈개정 2014.3.18〉
1. 경비구역 평면도 1부
2. 배치계획서 1부

제3조(청원경찰 배치신청서 등) ① 「청원경찰법 시행령」(이하 "영"이라 한다) 제2조에 따른 청원경찰 배치신청서는 별지 제1호서식에 따른다.
② 법 제4조제2항에 따른 청원경찰 배치 결정 통지 또는 청원경찰 배치 불허 통지는 별지 제2호서식에 따른다.

제5조(청원경찰의 임용 등) ① 청원경찰은 청원주가 임용하되, 임용을 할 때에는 미리 지방경찰청장의 승인을 받아야 한다.
② 「국가공무원법」 제33조 각 호의 어느 하나의 결격사유에 해당하는 사람은 청원경찰로 임용될 수 없다.
③ 청원경찰의 임용자격·임용방법·교육 및 보수에 관하여는 대통령령으로 정한다.
④ 청원경찰의 복무에 관하여는 「국가공무원법」 제57조, 제58조제1항, 제60조, 제66조제1항 및 「경찰공무원법」 제18조를 준용한다.
[전문개정 2010.2.4]

제3조(임용자격) 법 제5조제3항에 따른 청원경찰의 임용자격은 다음 각 호와 같다. 〈개정 2013.3.23, 2014.3.18, 2014.11.19〉
1. 18세 이상인 사람. 다만, 남자의 경우에는 군복무를 마쳤거나 군복무가 면제된 사람으로 한정한다.
2. 행정안전부령으로 정하는 신체조건에 해당하는 사람

제4조(임용방법 등) ① 법 제4조제2항에 따라 청원경찰의 배치 결정을 받은 자(이하 "청원주"라 한다)는 법 제5조제1항에 따라 그 배치 결정의 통지를 받은 날부터 30일 이내에 배치 결정된 인원수의 임용예정자에 대하여 청원경찰 임용승인을 지방경찰청장에게 신청하여야 한다.
② 청원주가 법 제5조제1항에 따라 청원경찰을 임용하였을 때에는 임용한 날부터 10일 이내에 그 임용사항을 관할 경찰서장을 거쳐 지방경찰청장에게 보고하여야 한다. 청원경찰이 퇴직하였을 때에도 또한 같다.

제4조(임용의 신체조건) 영 제3조제2호에 따른 신체조건은 다음 각 호와 같다.
1. 신체가 건강하고 팔다리가 완전할 것
2. 시력(교정시력을 포함한다)은 양쪽 눈이 각각 0.8 이상일 것

제5조(임용승인신청서 등) ① 법 제4조제2항에 따라 청원경찰의 배치 결정을 받은 자[이하 "청원주"(請願主)라 한다]가 영 제4조제1항에 따라 지방경찰청장에게 청원경찰 임용승인을 신청할 때에는 별지 제3호서식의 청원경찰 임용승인신청서에 그 해당자에 관한 다음 각 호의 서류를 첨부하여야 한다. 〈개정 2013.10.22〉
1. 이력서 1부
2. 주민등록증 사본 1부
3. 민간인 신원진술서 1부
4. 최근 3개월 이내에 발행한 채용신체검사서 또는 취업용 건강진단서 1부
5. 가족관계등록부 중 기본증명서 1부

제5조(교육) ① 청원주는 청원경찰로 임용된 사람으로 하여금 경비구역에 배치하기 전에 경찰교육기관에서 직무 수행에 필요한 교육을 받게 하여야 한다. 다만, 경찰교육기관의 교육계획상 부득이하다고 인정할 때에는 우선 배치하고 임용 후 1년 이내에 교육을 받게 할 수 있다.

② 경찰공무원(의무경찰을 포함한다) 또는 청원경찰에서 퇴직한 사람이 퇴직한 날부터 3년 이내에 청원경찰로 임용되었을 때에는 제1항에 따른 교육을 면제할 수 있다. 〈개정 2015.11.20.〉

③ 제1항의 교육기간·교육과목·수업시간 및 그 밖에 교육의 시행에 필요한 사항은 행정안전부령으로 정한다. 〈개정 2013.3.23., 2014.11.19.〉

[시행일 : 2016.1.25.] 제5조

제6조(배치 및 이동) ① 청원주는 청원경찰을 신규로 배치하거나 이동배치하였을 때에는 배치지(이동배치의 경우에는 종전의 배치지)를 관할하는 경찰서장에게 그 사실을 통보하여야 한다.

② 제1항의 통보를 받은 경찰서장은 이동배치지가 다른 관할구역에 속할 때에는 전입지를 관할하는 경찰서장에게 이동배치한 사실을 통보하여야 한다.

제7조(복무) 법 제5조제4항에서 규정한 사항 외에 청원경찰의 복무에 관하여는 해당 사업장의 취업규칙에 따른다.

② 제1항에 따른 신청서를 제출받은 지방경찰청장은 「전자정부법」 제36조제1항에 따라 행정정보의 공동이용을 통하여 해당자의 병적증명서를 확인하여야 한다. 다만, 그 해당자가 확인에 동의하지 아니할 때에는 해당 서류를 첨부하도록 하여야 한다. 〈개정 2013.10.22〉

제6조(교육기간 등) 영 제5조제3항에 따른 교육기간은 2주로 하고, 교육과목 및 수업시간은 별표 1과 같다.

제7조(청원경찰 배치통보서 등) 영 제6조제1항에 따른 청원경찰 배치 통보 및 영 제6조제2항에 따른 청원경찰 전출 통보는 별지 제4호서식에 따른다.

제5조의2(청원경찰의 징계) ① 청원주는 청원경찰이 다음 각 호의 어느 하나에 해당하는 때에는 대통령령으로 정하는 징계절차를 거쳐 징계처분을 하여야 한다. 1. 직무상의 의무를 위반하거나 직무를 태만히 한 때 2. 품위를 손상하는 행위를 한 때 ② 청원경찰에 대한 징계의 종류는 파면, 해임, 정직, 감봉 및 견책으로 구분한다. ③ 청원경찰의 징계에 관하여 그 밖에 필요한 사항은 대통령령으로 정한다. [본조신설 2010.2.4]	**제8조(징계)** ① 관할 경찰서장은 청원경찰이 법 제5조의2제1항 각 호의 어느 하나에 해당한다고 인정되면 청원주에게 해당 청원경찰에 대하여 징계처분을 하도록 요청할 수 있다. ② 법 제5조의2제2항의 정직(停職)은 1개월 이상 3개월 이하로 하고, 그 기간에 청원경찰의 신분은 보유하나 직무에 종사하지 못하며, 보수의 3분의 2를 줄인다. ③ 법 제5조의2제2항의 감봉은 1개월 이상 3개월 이하로 하고, 그 기간에 보수의 3분의 1을 줄인다. ④ 법 제5조의2제2항의 견책(譴責)은 전과(前過)에 대하여 훈계하고 회개하게 한다. ⑤ 청원주는 청원경찰 배치 결정의 통지를 받았을 때에는 통지를 받은 날부터 15일 이내에 청원경찰에 대한 징계규정을 제정하여 관할 지방경찰청장에게 신고하여야 한다. 징계규정을 변경할 때에도 또한 같다. ⑥ 지방경찰청장은 제5항에 따른 징계규정의 보완이 필요하다고 인정할 때에는 청원주에게 그 보완을 요구할 수 있다.	
제6조(청원경찰경비) ① 청원주는 다음 각 호의 청원경찰경비를 부담하여야 한다. 1. 청원경찰에게 지급할 봉급과 각종 수당 2. 청원경찰의 피복비 3. 청원경찰의 교육비 4. 제7조에 따른 보상금 및 제7조의2에 따른 퇴직금 ② 국가기관 또는 지방자치단체에 근무하는 청원경찰의 보수는 다음 각 호의 구분에 따라 같은 재직기간에 해당하는 경찰공무원의 보수를 감안하여 대통령령으로 정한다. 1. 재직기간 15년 미만: 순경 2. 재직기간 15년 이상 23년 미만: 경장 3. 재직기간 23년 이상 30년 미만: 경사 4. 재직기간 30년 이상: 경위	**제9조(국가기관 또는 지방자치단체에 근무하는 청원경찰의 보수)** ① 법 제6조제2항에 따른 국가기관 또는 지방자치단체에 근무하는 청원경찰의 봉급은 별표 1과 같다. ② 법 제6조제2항에 따른 국가기관 또는 지방자치단체에 근무하는 청원경찰의 각종 수당은 「공무원수당 등에 관한 규정」에 따른 수당 중 가계보전수당, 실비변상 등으로 하며, 그 세부 항목은 경찰청장이 정하여 고시한다. ③ 법 제6조제2항에 따른 재직기간은 청원경찰로서 근무한 기간으로 한다.	**제8조(청원경찰경비의 지급방법 등)** 영 제12조에 따른 청원경찰경비의 지급방법 및 납부방법은 다음 각 호와 같다. 1. 봉급과 각종 수당은 청원주가 그 청원경찰이 배치된 기관·시설·사업장 또는 장소(이하 "사업장"이라 한다)의 직원에 대한 보수 지급일에 청원경찰에게 직접 지급한다. 2. 피복은 청원주가 제작하거나 구입하여 별표 2에 따른 정기지급일 또는 신규 배치 시에 청원경찰에게 현품으로 지급한다. 3. 교육비는 청원주가 해당 청원경찰의 입교(入校) 3일 전에 해당 경찰교육기관에 낸다.

③ 청원주의 제1항제1호에 따른 봉급·수당의 최저부담기준액(국가기관 또는 지방자치단체에 근무하는 청원경찰의 봉급·수당은 제외한다)과 같은 항 제2호 및 제3호에 따른 비용의 부담기준액은 경찰청장이 정하여 고시(告示)한다.
[전문개정 2010.2.4]

제10조(국가기관 또는 지방자치단체에 근무하는 청원경찰 외의 청원경찰의 보수) 국가기관 또는 지방자치단체에 근무하는 청원경찰 외의 청원경찰의 봉급과 각종 수당은 법 제6조제3항에 따라 경찰청장이 고시한 최저부담기준액 이상으로 지급하여야 한다. 다만, 고시된 최저부담기준액이 배치된 사업장에서 같은 종류의 직무나 유사 직무에 종사하는 근로자에게 지급하는 임금보다 적을 때에는 그 사업장에서 같은 종류의 직무나 유사 직무에 종사하는 근로자에게 지급하는 임금에 상당하는 금액을 지급하여야 한다.

제11조(보수 산정 시의 경력 인정 등) ① 청원경찰의 보수 산정에 관하여 그 배치된 사업장의 취업규칙에 특별한 규정이 없는 경우에는 다음 각 호의 경력을 봉급 산정의 기준이 되는 경력에 산입(算入)하여야 한다.
1. 청원경찰로 근무한 경력
2. 군 또는 전투경찰에 복무한 경력
3. 수위·경비원·감시원 또는 그 밖에 청원경찰과 비슷한 직무에 종사하던 사람이 해당 사업장의 청원주에 의하여 청원경찰로 임용된 경우에는 그 직무에 종사한 경력
4. 국가기관 또는 지방자치단체에서 근무하는 청원경찰에 대해서는 국가기관 또는 지방자치단체에서 상근(常勤)으로 근무한 경력

② 국가기관 또는 지방자치단체에 근무하는 청원경찰 보수의 호봉 간 승급기간은 경찰공무원의 승급기간에 관한 규정을 준용한다.
③ 국가기관 또는 지방자치단체에 근무하는 청원경찰 외의 청원경찰 보수의 호봉 간 승급기간 및 승급액은 그 배치된 사업장의 취업규칙에 따르며, 이에 관한 취업규칙이 없을 때에는 순경의 승급에 관한 규정을 준용한다.

	제12조(청원경찰경비의 고시 등) ① 법 제6조제1항 제1호부터 제3호까지의 청원경찰경비의 지급방법 또는 납부방법은 행정안전부령으로 정한다. 〈개정 2013.3.23, 2014.11.19〉 ② 법 제6조제3항에 따른 청원경찰경비의 최저부담기준액 및 부담기준액은 경찰공무원 중 순경의 것을 고려하여 다음 연도분을 매년 12월에 고시하여야 한다. 다만, 부득이한 사유가 있을 때에는 수시로 고시할 수 있다.	
제7조(보상금) 청원주는 청원경찰이 다음 각 호의 어느 하나에 해당하게 되면 대통령령으로 정하는 바에 따라 청원경찰 본인 또는 그 유족에게 보상금을 지급하여야 한다. 1. 직무수행으로 인하여 부상을 입거나, 질병에 걸리거나 또는 사망한 경우 2. 직무상의 부상·질병으로 인하여 퇴직하거나, 퇴직 후 2년 이내에 사망한 경우 [전문개정 2010.2.4] **제7조의2(퇴직금)** 청원주는 청원경찰이 퇴직할 때에는 「근로자퇴직급여 보장법」에 따른 퇴직금을 지급하여야 한다. 다만, 국가기관이나 지방자치단체에 근무하는 청원경찰의 퇴직금에 관하여는 따로 대통령령으로 정한다. [전문개정 2010.2.4]	**제13조(보상금)** 청원주는 법 제7조에 따른 보상금의 지급을 이행하기 위하여 「산업재해보상보험법」에 따른 산업재해보상보험에 가입하거나, 「근로기준법」에 따라 보상금을 지급하기 위한 재원(財源)을 따로 마련하여야 한다.	
제8조(제복 착용과 무기 휴대) ① 청원경찰은 근무 중 제복을 착용하여야 한다. ② 지방경찰청장은 청원경찰이 직무를 수행하기 위하여 필요하다고 인정하면 청원주의 신청을 받아 관할 경찰서장으로 하여금 청원경찰에게 무기를 대여하여 지니게 할 수 있다. ③ 청원경찰의 복제(服制)와 무기 휴대에 필요한 사항은 대통령령으로 정한다. [전문개정 2010.2.4]	**제14조(복제)** ① 청원경찰의 복제(服制)는 제복·장구(裝具) 및 부속물로 구분한다. ② 청원경찰의 제복·장구 및 부속물에 관하여 필요한 사항은 행정안전부령으로 정한다. 〈개정 2013.3.23., 2014.11.19.〉 ③ 청원경찰이 그 배치지의 특수성 등으로 특수복장을 착용할 필요가 있을 때에는 청원주는 지방경찰청장의 승인을 받아 특수복장을 착용하게 할 수 있다.	**제9조(복제)** ① 영 제14조에 따른 청원경찰의 제복·장구(裝具) 및 부속물의 종류는 다음 각 호와 같다. 1. 제복: 정모(正帽), 기동모, 근무복(하복, 동복), 성하복(盛夏服), 기동복, 점퍼, 비옷, 방한복, 외투, 단화, 기동화 및 방한화 2. 장구: 허리띠, 경찰봉, 호루라기 및 포승(捕繩) 3. 부속물: 모자표장, 가슴표장, 휘장, 계급장, 넥타이핀, 단추 및 장갑

	제15조(분사기 휴대) 청원주는 「총포·도검·화약류 등의 안전관리에 관한 법률」에 따른 분사기의 소지허가를 받아 청원경찰로 하여금 그 분사기를 휴대하여 직무를 수행하게 할 수 있다.	② 영 제14조에 따른 청원경찰의 제복·장구(裝具) 및 부속물의 제식(制式)과 재질은 다음 각 호와 같다. 1. 제복의 제식 및 재질은 청원주가 결정하되, 경찰공무원 또는 군인 제복의 색상과 명확하게 구별될 수 있어야 하며, 사업장별로 통일하여야 한다. 다만, 기동모와 기동복의 색상은 진한 청색으로 하고, 기동복의 제식은 별도 1과 같이 한다. 2. 장구의 제식과 재질은 경찰 장구와 같이 한다. 3. 부속물의 제식과 재질은 다음 각 목과 같이 한다. 가. 모자표장의 제식과 재질은 별도 2와 같이 하되, 기동모의 표장은 정모 표장의 2분의 1 크기로 할 것. 나. 가슴표장, 휘장, 계급장, 넥타이핀 및 단추의 제식과 재질은 별도 3부터 별도 7까지와 같이 할 것. ③ 청원경찰은 평상근무 중에는 정모, 근무복, 단화, 호루라기, 경찰봉 및 포승을 착용하거나 휴대하여야 하고, 총기를 휴대하지 아니할 때에는 분사기를 휴대하여야 하며, 교육훈련이나 그 밖의 특수근무 중에는 기동모, 기동복, 기동화 및 휘장을 착용하거나 부착하되, 허리띠와 경찰봉은 착용하거나 휴대하지 아니할 수 있다. ④ 가슴표장, 휘장 및 계급장을 달거나 부착할 위치는 별도 8과 같다. **제10조(제복의 착용시기)** 하복·동복의 착용시기는 사업장별로 청원주가 결정하되, 착용시기를 통일하여야 한다. **제11조(신분증명서)** ① 청원경찰의 신분증명서는 청원주가 발행하며, 그 형식은 청원주가 결정하되 사업장별로 통일하여야 한다. ② 청원경찰은 근무 중에는 항상 신분증명서를 휴대하여야 한다. 〈개정 2013.2.26.〉

제12조(급여품 및 대여품) ① 청원경찰에게 지급하는 급여품은 별표 2와 같고, 대여품은 별표 3과 같다.

② 청원경찰이 퇴직할 때에는 대여품을 청원주에게 반납하여야 한다.

제13조(직무교육) ① 청원주는 소속 청원경찰에게 그 직무집행에 필요한 교육을 매월 4시간 이상 하여야 한다.

② 청원경찰이 배치된 사업장의 소재지를 관할하는 경찰서장(이하 "관할 경찰서장"이라 한다)은 필요하다고 인정하는 경우에는 그 사업장에 소속 공무원을 파견하여 직무집행에 필요한 교육을 할 수 있다.

제14조(근무요령) ① 자체경비를 하는 입초근무자는 경비구역의 정문이나 그 밖의 지정된 장소에서 경비구역의 내부, 외부 및 출입자의 움직임을 감시한다.

② 업무처리 및 자체경비를 하는 소내근무자는 근무 중 특이한 사항이 발생하였을 때에는 지체 없이 청원주 또는 관할 경찰서장에게 보고하고 그 지시에 따라야 한다.

③ 순찰근무자는 청원주가 지정한 일정한 구역을 순회하면서 경비 임무를 수행한다. 이 경우 순찰은 단독 또는 복수로 정선순찰(定線巡察)을 하되, 청원주가 필요하다고 인정할 때에는 요점순찰(要點巡察) 또는 난선순찰(亂線巡察)을 할 수 있다.

④ 대기근무자는 소내근무에 협조하거나 휴식하면서 불의의 사고에 대비한다.

	제16조(무기 휴대) ① 청원주가 법 제8조제2항에 따라 청원경찰이 휴대할 무기를 대여받으려는 경우에는 관할 경찰서장을 거쳐 지방경찰청장에게 무기대여를 신청하여야 한다. ② 제1항의 신청을 받은 지방경찰청장이 무기를 대여하여 휴대하게 하려는 경우에는 청원주로부터 국가에 기부채납된 무기에 한정하여 관할 경찰서장으로 하여금 무기를 대여하여 휴대하게 할 수 있다. ③ 제1항에 따라 무기를 대여하였을 때에는 관할 경찰서장은 청원경찰의 무기관리 상황을 수시로 점검하여야 한다. ④ 청원주 및 청원경찰은 행정안전부령으로 정하는 무기관리수칙을 준수하여야 한다. 〈개정 2013.3.23, 2014.11.19〉	**제15조(무기대여 신청서)** 영 제16조제1항에 따른 무기대여 신청은 별지 제5호서식에 따른다. **제16조(무기관리수칙)** ① 영 제16조에 따라 무기와 탄약을 대여받은 청원주는 다음 각 호에 따라 무기와 탄약을 관리하여야 한다. 1. 청원주가 무기와 탄약을 대여받았을 때에는 경찰청장이 정하는 무기·탄약 출납부 및 무기장비 운영카드를 갖춰 두고 기록하여야 한다. 2. 청원주는 무기와 탄약의 관리를 위하여 관리책임자를 지정하고 관할 경찰서장에게 그 사실을 통보하여야 한다. 3. 무기고 및 탄약고는 단층에 설치하고 환기·방습·방화 및 총가(銃架) 등의 시설을 하여야 한다. 4. 탄약고는 무기고와 떨어진 곳에 설치하고, 그 위치는 사무실이나 그 밖에 여러 사람을 수용하거나 여러 사람이 오고 가는 시설로부터 격리되어야 한다. 5. 무기고와 탄약고에는 이중 잠금장치를 하고, 열쇠는 관리책임자가 보관하되, 근무시간 이후에는 숙직책임자에게 인계하여 보관시켜야 한다. 6. 청원주는 경찰청장이 정하는 바에 따라 매월 무기와 탄약의 관리 실태를 파악하여 다음 달 3일까지 관할 경찰서장에게 통보하여야 한다. 7. 청원주는 대여받은 무기와 탄약에 분실·도난·피탈(被奪) 또는 훼손 등의 사고가 발생하였을 때에는 지체 없이 그 사유를 관할 경찰서장에게 통보하여야 한다. 8. 청원주는 무기와 탄약이 분실·도난·피탈 또는 훼손되었을 때에는 경찰청장이 정하는 바에 따라 그 전액을 배상하여야 한다. 다만, 전시·사변·천재지변이나 그 밖의 불가항력적인 사유가 있다고 지방경찰청장이 인정하였을 때에는 그러하지 아니하다.

② 영 제16조에 따라 무기와 탄약을 대여받은 청원주가 청원경찰에게 무기와 탄약을 출납하려는 경우에는 다음 각 호에 따라야 한다. 다만, 관할 경찰서장의 지시에 따라 제2호에 따른 탄약의 수를 늘리거나 줄일 수 있고, 무기와 탄약의 출납을 중지할 수 있으며, 무기와 탄약을 회수하여 집중관리할 수 있다.

1. 무기와 탄약을 출납하였을 때에는 무기·탄약 출납부에 그 출납사항을 기록하여야 한다.
2. 소총의 탄약은 1정당 15발 이내, 권총의 탄약은 1정당 7발 이내로 출납하여야 한다. 이 경우 생산된 후 오래된 탄약을 우선하여 출납하여야 한다.
3. 청원경찰에게 지급한 무기와 탄약은 매주 1회 이상 손질하게 하여야 한다.
4. 수리가 필요한 무기가 있을 때에는 그 목록과 무기장비 운영카드를 첨부하여 관할 경찰서장에게 수리를 요청할 수 있다.

③ 청원주로부터 무기와 탄약을 지급받은 청원경찰은 다음 각 호의 사항을 준수하여야 한다.

1. 무기를 지급받거나 반납할 때 또는 인계인수할 때에는 반드시 "앞에 총" 자세에서 "검사 총"을 하여야 한다.
2. 무기와 탄약을 지급받았을 때에는 별도의 지시가 없으면 무기와 탄약을 분리하여 휴대하여야 하며, 소총은 "우로 어깨 걸어 총"의 자세를 유지하고, 권총은 "권총집에 넣어 총"의 자세를 유지하여야 한다.
3. 지급받은 무기는 다른 사람에게 보관 또는 휴대하게 할 수 없으며 손질을 의뢰할 수 없다.
4. 무기를 손질하거나 조작할 때에는 반드시 총구를 공중으로 향하게 하여야 한다.
5. 무기와 탄약을 반납할 때에는 손질을 철저히 하여야 한다.
6. 근무시간 이후에는 무기와 탄약을 청원주에게 반납하거나 교대근무자에게 인계하여야 한다.

④ 청원주는 다음 각 호의 어느 하나에 해당하는 청원경찰에게 무기와 탄약을 지급해서는 아니 되며, 지급한 무기와 탄약은 회수하여야 한다.

1. 직무상 비위(非違)로 징계 대상이 된 사람
2. 형사사건으로 조사 대상이 된 사람
3. 사의(辭意)를 밝힌 사람
4. 평소에 불평이 심하고 염세적인 사람
5. 주벽(酒癖)이 심한 사람
6. 변태적 성벽(性癖)이 있는 사람

제17조(문서와 장부의 비치) ① 청원주는 다음 각 호의 문서와 장부를 갖춰 두어야 한다.

1. 청원경찰 명부
2. 근무일지
3. 근무 상황카드
4. 경비구역 배치도
5. 순찰표철
6. 무기·탄약 출납부
7. 무기장비 운영카드
8. 봉급지급 조서철
9. 신분증명서 발급대장
10. 징계 관계철
11. 교육훈련 실시부
12. 청원경찰 직무교육계획서
13. 급여품 및 대여품 대장
14. 그 밖에 청원경찰의 운영에 필요한 문서와 장부

② 관할 경찰서장은 다음 각 호의 문서와 장부를 갖춰 두어야 한다.

1. 청원경찰 명부
2. 감독 순시부
3. 전출입 관계철
4. 교육훈련 실시부
5. 무기·탄약 대여대장
6. 징계요구서철
7. 그 밖에 청원경찰의 운영에 필요한 문서와 장부

③ 지방경찰청장은 다음 각 호의 문서와 장부를 갖춰 두어야 한다.
1. 배치 결정 관계철
2. 청원경찰 임용승인 관계철
3. 전출입 관계철
4. 그 밖에 청원경찰의 운영에 필요한 문서와 장부

④ 제1항부터 제3항까지의 규정에 따른 문서와 장부의 서식은 경찰관서에서 사용하는 서식을 준용한다.

제18조(표창) 지방경찰청장, 관할 경찰서장 또는 청원주는 청원경찰에게 다음 각 호의 구분에 따라 표창을 수여할 수 있다.
1. 공적상: 성실히 직무를 수행하여 근무성적이 탁월하거나 헌신적인 봉사로 특별한 공적을 세운 경우
2. 우등상: 교육훈련에서 교육성적이 우수한 경우

제19조(감독자의 지정) ① 2명 이상의 청원경찰을 배치한 사업장의 청원주는 청원경찰의 지휘·감독을 위하여 청원경찰 중에서 유능한 사람을 선정하여 감독자로 지정하여야 한다.

② 제1항에 따른 감독자는 조장, 반장 또는 대장으로 하며, 그 지정기준은 별표 4와 같다.

제20조(경비전화의 가설) ① 관할 경찰서장은 청원주의 신청에 따라 경비를 위하여 필요하다고 인정할 때에는 청원경찰이 배치된 사업장에 경비전화를 가설할 수 있다.

② 제1항에 따라 경비전화를 가설할 때 드는 비용은 청원주가 부담한다.

제21조(주의사항) ① 청원경찰이 법 제3조에 따른 직무를 수행할 때에는 경비 목적을 위하여 필요한 최소한의 범위에서 하여야 한다.

② 청원경찰은 「경찰관 직무집행법」에 따른 직무 외의 수사활동 등 사법경찰관리의 직무를 수행해서는 아니 된다.

		제22조(보고) 청원경찰이 법 제3조에 따라 직무를 수행할 때에 「경찰관 직무집행법」 및 같은 법 시행령에 따라 하여야 할 모든 보고는 관할 경찰서장에게 서면으로 보고하기 전에 지체 없이 구두로 보고하고 그 지시에 따라야 한다. **제23조(청원경찰 배치의 폐지·감축 통보)** 법 제10조의5제2항에 따른 청원경찰 배치의 폐지 또는 감축의 통보는 별지 제6호서식에 따른다.
제9조 삭제 〈1999.3.31〉 **제9조의2** 삭제 〈2001.4.7〉		
제9조의3(감독) ① 청원주는 항상 소속 청원경찰의 근무 상황을 감독하고, 근무 수행에 필요한 교육을 하여야 한다. ② 지방경찰청장은 청원경찰의 효율적인 운영을 위하여 청원주를 지도하며 감독상 필요한 명령을 할 수 있다. [전문개정 2010.2.4] **제10조(직권남용 금지 등)** ① 청원경찰이 직무를 수행할 때 직권을 남용하여 국민에게 해를 끼친 경우에는 6개월 이하의 징역이나 금고에 처한다. ② 청원경찰 업무에 종사하는 사람은 「형법」 이나 그 밖의 법령에 따른 벌칙을 적용할 때에는 공무원으로 본다. [전문개정 2010.2.4] **제10조의2(청원경찰의 불법행위에 대한 배상책임)** 청원경찰(국가기관이나 지방자치단체에 근무하는 청원경찰은 제외한다)의 직무상 불법행위에 대한 배상책임에 관하여는 「민법」 의 규정을 따른다. [전문개정 2010.2.4]	**제17조(감독)** 관할 경찰서장은 매달 1회 이상 청원경찰을 배치한 경비구역에 대하여 다음 각 호의 사항을 감독하여야 한다. 1. 복무규율과 근무 상황 2. 무기의 관리 및 취급 사항	

제10조의3(권한의 위임) 이 법에 따른 지방경찰청장의 권한은 그 일부를 대통령령으로 정하는 바에 따라 관할 경찰서장에게 위임할 수 있다. [전문개정 2010.2.4]	**제20조(권한의 위임)** 지방경찰청장은 법 제10조의3에 따라 다음 각 호의 권한을 관할 경찰서장에게 위임한다. 다만, 청원경찰을 배치하고 있는 사업장이 하나의 경찰서의 관할구역에 있는 경우로 한정한다. 1. 법 제4조제2항 및 제3항에 따른 청원경찰 배치의 결정 및 요청에 관한 권한 2. 법 제5조제1항에 따른 청원경찰의 임용승인에 관한 권한 3. 법 제9조의3제2항에 따른 청원주에 대한 지도 및 감독상 필요한 명령에 관한 권한 4. 법 제12조에 따른 과태료 부과·징수에 관한 권한	
제10조의4(의사에 반한 면직) ① 청원경찰은 형의 선고, 징계처분 또는 신체상·정신상의 이상으로 직무를 감당하지 못할 때를 제외하고는 그 의사(意思)에 반하여 면직(免職)되지 아니한다. ② 청원주가 청원경찰을 면직시켰을 때에는 그 사실을 관할 경찰서장을 거쳐 지방경찰청장에게 보고하여야 한다. [전문개정 2010.2.4]	**제18조(청원경찰의 신분)** 청원경찰은 「형법」이나 그 밖의 법령에 따른 벌칙을 적용하는 경우와 법 및 이 영에서 특별히 규정한 경우를 제외하고는 공무원으로 보지 아니한다. **제19조(근무 배치 등의 위임)** ① 「경비업법」에 따른 경비업자(이하 이 조에서 "경비업자"라 한다)가 중요 시설의 경비를 도급받았을 때에는 청원주는 그 사업장에 배치된 청원경찰의 근무 배치 및 감독에 관한 권한을 해당 경비업자에게 위임할 수 있다. ② 청원주는 제1항에 따라 경비업자에게 청원경찰의 근무 배치 및 감독에 관한 권한을 위임한 경우에 이를 이유로 청원경찰의 보수나 신분상의 불이익을 주어서는 아니 된다.	
제10조의5(배치의 폐지 등) ① 청원주는 청원경찰이 배치된 시설이 폐쇄되거나 축소되어 청원경찰의 배치를 폐지하거나 배치인원을 감축할 필요가 있다고 인정하면 청원경찰의 배치를 폐지하거나 배치인원을 감축할 수 있다. 다만, 청원주는 다음 각 호의 어느 하나에 해당하는 경우에는 청원경찰의 배치를 폐지하거나 배치인원을 감축할 수 없다. 〈개정 2014.12.30〉		

1. 청원경찰을 대체할 목적으로 「경비업법」에 따른 특수경비원을 배치하는 경우
2. 청원경찰이 배치된 기관·시설 또는 사업장 등이 배치인원의 변동사유 없이 다른 곳으로 이전하는 경우

② 제1항에 따라 청원주가 청원경찰을 폐지하거나 감축하였을 때에는 청원경찰 배치 결정을 한 경찰관서의 장에게 알려야 하며, 그 사업장이 제4조제3항에 따라 지방경찰청장이 청원경찰의 배치를 요청한 사업장일 때에는 그 폐지 또는 감축 사유를 구체적으로 밝혀야 한다.

③ 제1항에 따라 청원경찰의 배치를 폐지하거나 배치인원을 감축하는 경우 해당 청원주는 배치폐지나 배치인원 감축으로 과원(過員)이 되는 청원경찰 인원을 그 기관·시설 또는 사업장 내의 유사 업무에 종사하게 하거나 다른 시설·사업장 등에 재배치하는 등 청원경찰의 고용이 보장될 수 있도록 노력하여야 한다. 〈신설 2014.12.30〉

[전문개정 2010.2.4]

제10조의6(당연 퇴직) 청원경찰이 다음 각 호의 어느 하나에 해당할 때에는 당연 퇴직된다.

1. 제5조제2항에 따른 임용결격사유에 해당될 때
2. 제10조의5에 따라 청원경찰의 배치가 폐지되었을 때
3. 나이가 60세가 되었을 때. 다만, 그 날이 1월부터 6월 사이에 있으면 6월 30일에, 7월부터 12월 사이에 있으면 12월 31일에 각각 당연 퇴직된다.

[전문개정 2010.2.4]

제10조의7(휴직 및 명예퇴직) 국가기관이나 지방자치단체에 근무하는 청원경찰의 휴직 및 명예퇴직에 관하여는 「국가공무원법」 제71조부터 제73조까지 및 제74조의2를 준용한다.

[전문개정 2010.2.4]

제11조(벌칙) 청원경찰로서 제5조제4항에 따라 준용되는 「국가공무원법」 제66조제1항을 위반한 사람은 1년 이하의 징역 또는 200만원 이하의 벌금에 처한다.
[전문개정 2010.2.4]

제20조의2(민감정보 및 고유식별정보의 처리) 지방경찰청장 또는 경찰서장은 다음 각 호의 사무를 수행하기 위하여 불가피한 경우 「개인정보 보호법」 제23조에 따른 건강에 관한 정보와 같은 법 시행령 제18조제2호에 따른 범죄경력자료에 해당하는 정보, 같은 영 제19조제1호 또는 제4호에 따른 주민등록번호 또는 외국인등록번호가 포함된 자료를 처리할 수 있다.

1. 법 및 이 영에 따른 청원경찰의 임용, 배치 등 인사관리에 관한 사무
2. 법 제8조에 따른 청원경찰의 제복 착용 및 무기 휴대에 관한 사무
3. 법 제9조의3에 따른 청원주에 대한 지도·감독에 관한 사무
4. 제1호부터 제3호까지의 규정에 따른 사무를 수행하기 위하여 필요한 사무

[본조신설 2012.1.6.]

제20조의3(규제의 재검토) 경찰청장은 제8조에 따른 청원경찰의 징계에 대하여 2014년 1월 1일을 기준으로 3년마다(매 3년이 되는 해의 1월 1일 전까지를 말한다) 그 타당성을 검토하여 개선 등의 조치를 하여야 한다.

제12조(과태료) ① 다음 각 호의 어느 하나에 해당하는 자에게는 500만원 이하의 과태료를 부과한다. 1. 제4조제2항에 따른 지방경찰청장의 배치 결정을 받지 아니하고 청원경찰을 배치하거나 제5조제1항에 따른 지방경찰청장의 승인을 받지 아니하고 청원경찰을 임용한 자 2. 정당한 사유 없이 제6조제3항에 따라 경찰청장이 고시한 최저부담기준액 이상의 보수를 지급하지 아니한 자 3. 제9조의3제2항에 따른 감독상 필요한 명령을 정당한 사유 없이 이행하지 아니한 자 ② 제1항에 따른 과태료는 대통령령으로 정하는 바에 따라 지방경찰청장이 부과·징수한다. [전문개정 2010.2.4]	**제21조(과태료의 부과기준 등)** ① 법 제12조제1항에 따른 과태료의 부과기준은 별표 2와 같다. ② 지방경찰청장은 위반행위의 동기, 내용 및 위반의 정도 등을 고려하여 별표 2에 따른 과태료 금액의 100분의 50의 범위에서 그 금액을 줄이거나 늘릴 수 있다. 다만, 늘리는 경우에는 법 제12조제1항에 따른 과태료 금액의 상한을 초과할 수 없다.	**제24조(과태료 부과 고지서 등)** ① 법 제12조제1항에 따른 과태료 부과의 사전 통지는 별지 제7호서식의 과태료 부과 사전 통지서에 따른다. ② 법 제12조제1항에 따른 과태료의 부과는 별지 제8호서식의 과태료 부과 고지서에 따른다. ③ 경찰서장은 과태료처분을 하였을 때에는 과태료 부과 및 징수 사항을 별지 제9호서식의 과태료 수납부에 기록하고 정리하여야 한다.

[별표 1] 〈개정 2017. 6. 20〉

국가기관 또는 지방자치단체에 근무하는 청원경찰의 봉급표(제9조제1항 관련)

(월 지급액, 단위: 원)

재직기간 호봉	15년 미만	15년 이상 23년 미만	23년 이상 30년 미만	30년 이상
1	1,486,900	–	–	–
2	1,557,500	–	–	–
3	1,632,200	–	–	–
4	1,711,400	–	–	–
5	1,791,300	–	–	–
6	1,873,000	–	–	–
7	1,951,200	–	–	–
8	2,026,600	–	–	–
9	2,098,900	–	–	–
10	2,168,300	–	–	–
11	2,234,600	–	–	–
12	2,300,300	–	–	–
13	2,363,500	2,493,800	–	–
14	2,424,700	2,557,500	–	–
15	2,483,300	2,618,800	–	–
16	2,540,000	2,677,900	–	–
17	2,595,500	2,733,100	–	–
18	2,647,100	2,786,800	–	–

19	2,697,800	2,838,200	3,124,300	–
20	2,746,100	2,887,200	3,177,100	–
21	2,791,700	2,934,000	3,227,300	–
22	2,835,600	2,979,100	3,274,900	–
23	2,877,300	3,021,800	3,320,600	–
24	2,917,400	3,063,100	3,364,300	3,602,200
25	2,955,500	3,102,200	3,405,500	3,645,200
26	2,990,100	3,140,300	3,445,000	3,684,600
27	3,019,800	3,171,900	3,478,500	3,718,200
28	3,048,500	3,202,400	3,509,700	3,750,900
29	3,076,200	3,231,300	3,539,900	3,781,300
30	3,103,100	3,259,300	3,568,600	3,810,300
31	3,129,400	3,286,400	3,595,600	3,837,800

[별표 1] 2018년 1월 1일 이후 적용 입법예고

국가기관 또는 지방자치단체에 근무하는 청원경찰의 봉급표(제9조제1항 관련)

(월 지급액, 단위: 원)

재직기간 호봉	15년 미만	15년 이상 23년 미만	23년 이상 30년 미만	30년 이상
1	1,530,900	–	–	–
2	1,603,500	–	–	–
3	1,680,400	–	–	–
4	1,762,000	–	–	–
5	1,844,300	–	–	–
6	1,928,400	–	–	–
7	2,008,900	–	–	–
8	2,086,500	–	–	–
9	2,160,900	–	–	–
10	2,232,400	–	–	–
11	2,300,700	–	–	–
12	2,368,300	–	–	–
13	2,433,400	2,567,500	–	–
14	2,496,400	2,633,100	–	–

15	2,556,700	2,696,200	–	–
16	2,615,100	2,757,000	–	–
17	2,672,200	2,813,900	–	–
18	2,725,300	2,869,100	–	–
19	2,777,500	2,922,100	3,216,700	–
20	2,827,300	2,972,500	3,270,900	–
21	2,874,200	3,020,800	3,322,700	–
22	2,919,400	3,067,100	3,371,600	–
23	2,962,400	3,111,100	3,418,700	–
24	3,003,600	3,153,600	3,463,700	3,708,700
25	3,042,900	3,193,900	3,506,100	3,753,000
26	3,078,500	3,233,100	3,546,800	3,793,500
27	3,109,100	3,265,700	3,581,300	3,828,200
28	3,138,600	3,297,100	3,613,400	3,861,700
29	3,167,100	3,326,800	3,644,400	3,893,100
30	3,194,800	3,355,600	3,674,000	3,922,900
31	3,221,900	3,383,500	3,701,900	3,951,300

[별표 2]

과태료의 부과기준(제21조제1항 관련)

위반행위	해당 법조문	과태료 금액
1. 법 제4조제2항에 따른 지방경찰청장의 배치 결정을 받지 않고 다음 각 목의 시설에 청원경찰을 배치한 경우	법 제12조제1항제1호	
가. 국가 중요 시설(국가정보원장이 지정하는 국가보안 목표시설을 말한다)인 경우		500만원
나. 가목에 따른 국가 중요 시설 외의 시설인 경우		400만원
2. 법 제5조제1항에 따른 지방경찰청장의 승인을 받지 않고 다음 각 목의 청원경찰을 임용한 경우	법 제12조제1항제1호	
가. 법 제5조제2항에 따른 임용 결격사유에 해당하는 청원경찰		500만원
나. 법 제5조제2항에 따른 임용 결격사유에 해당하지 않고 청원경찰		300만원
3. 정당한 사유 없이 법 제6조제3항에 따라 경찰청장이 고시한 최저부담기준액 이상의 보수를 지급하지 않은 경우	법 제12조제1항제2호	500만원
4. 법 제9조의3제2항에 따른 지방경찰청장의 감독상 필요한 다음 각 목의 명령을 정당한 사유 없이 이행하지 않은 경우	법 제12조제1항제3호	
가. 총기·실탄 및 분사기에 관한 명령		500만원
나. 가목에 따른 명령 외의 명령		300만원

[별표 1]

청원경찰의 교육과목 및 수업시간표(제6조 관련)

학과별	과목		시간
정신교육		정신교육	8
학술교육		형사법	10
		청원경찰법	5
실무교육	경무	경찰관직무집행법	5
	방범	방범업무	3
		경범죄처벌법	2
	경비	시설경비	6
		소방	4
	정보	대공이론	2
		불심검문	2
	민방위	민방공	3
		화생방	2
	기본훈련		5
	총기조작		2
	총검술		2
	사격		6
술과	체포술 및 호신술		6
기타	입교·수료 및 평가		3

[별표 2] 〈개정 2013.2.26〉

청원경찰 급여품표(제12조 관련)

품명	수량	사용기간	정기지급일
근무복(하복)	1	1년	5월 5일
근무목(동복)	1	1년	9월 25일
성하복	1	1년	6월 5일
외투·방한복 또는 점퍼	1	2~3년	9월 25일
기동화 또는 단화	1	단화 1년 기동화 2년	9월 25일
비옷	1	3년	5월 5일
정모	1	3년	9월 25일
기동모	1	3년	필요할 때
기동복	1	2년	필요할 때
방한화	1	2년	9월 25일
장갑	1	2년	9월 25일
호 루 라 기	1	2년	9월 25일

[별표 3] 〈개정 2013.2.26〉

청원경찰 대여품표(제12조 관련)

품 명	수 량
허 리 띠	1
경 찰 봉	1
가 슴 표 장	1
분 사 기	1
포 승	1

[별표 4]

감독자 지정기준(제19조제2항 관련)

근무인원	직급별 지정기준		
	대장	반장	조장
9명까지			1명
10명 이상 29명 이하		1명	2 ~ 3명
30명 이상 40명 이하		1명	3 ~ 4명
41명 이상 60명 이하	1명	2명	6명
61명 이상 120명 이하	1명	4명	12명

■ 청원경찰법 시행규칙 [별지 제1호서식] 〈개정 2013.10.22〉

청원경찰 배치 신청서

(앞쪽)

접수번호	접수일자		처리기간 7일
청원주	성명	생년월일	
	직책	연락처	
배치 사업장의 명칭			
배치 사업장의 소재지			
경비 구역			
경비 배치 방법			
배치 받으려는 사유			
배치 받으려는 청원경찰 인원			
배치 기간			
근무 방법			

「청원경찰법」 제4조제1항, 같은 법 시행령 제2조 및 같은 법 시행규칙 제3조제1항에 따라 위와 같이 청원경찰 배치를 신청합니다.

년 월 일

신청인 (서명 또는 인)

○○경찰서장 귀하

첨부 서류	1. 경비 구역 평면도 1부 2. 배치 계획서 1부	수수료 없음

210㎜×297㎜[백상지 80g/㎡(재활용품)]

(뒤쪽)

처리 절차

1. 사업장이 하나의 경찰서의 관할구역에 있는 경우

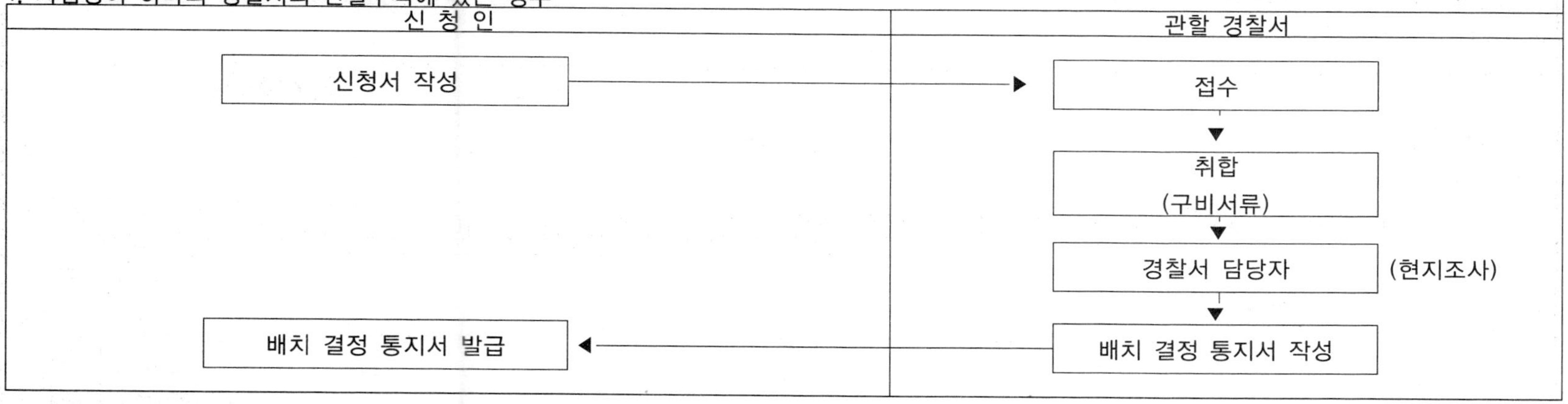

2. 사업장이 둘 이상의 경찰서의 관할구역에 있는 경우

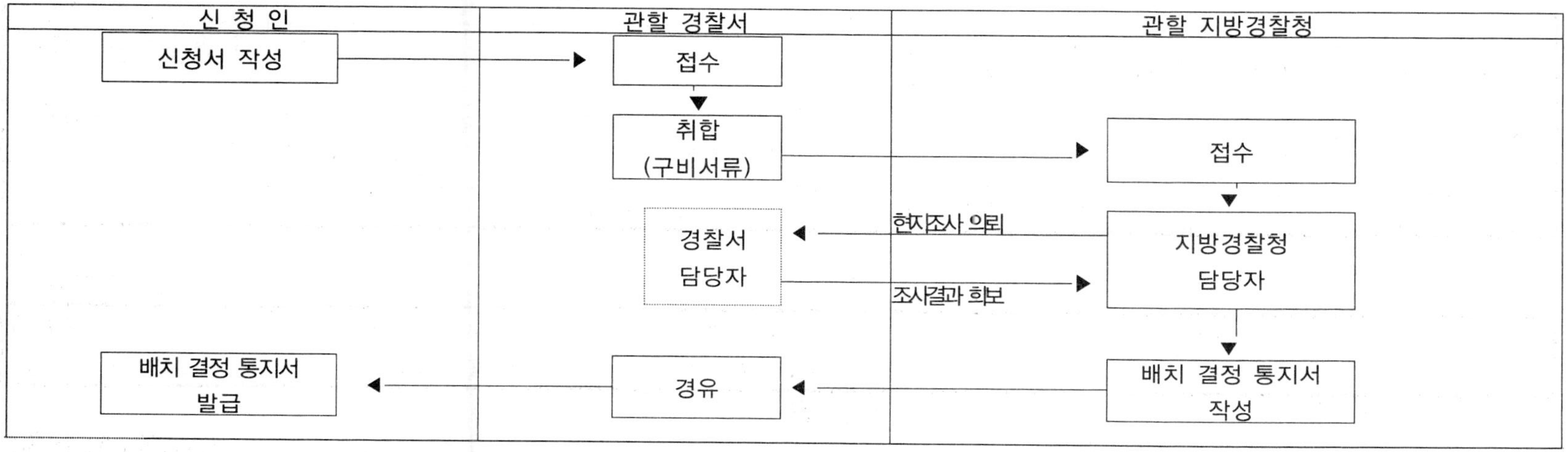

[별지 제2호서식]

기관명

(우) 주소 /전화( ) - /팩스( ) -
담당부서명: 담당자

문서번호:

수신:

<table>
<tr><td colspan="4">청원경찰 배치 결정(배치 불허) 통지서</td></tr>
<tr><td rowspan="3">①청원주</td><td>성명</td><td colspan="2"></td></tr>
<tr><td>주민등록번호</td><td colspan="2"></td></tr>
<tr><td>직책</td><td colspan="2"></td></tr>
<tr><td colspan="2">②배치사업장의 명칭</td><td></td><td>③배치사업장의 소재지</td></tr>
<tr><td colspan="2">④경비구역</td><td colspan="2"></td></tr>
<tr><td colspan="2">④청원경찰배치인원</td><td colspan="2"></td></tr>
<tr><td colspan="2">⑥배치기간</td><td colspan="2"></td></tr>
<tr><td colspan="2">⑦배치 결정
(배치 불허)사유</td><td colspan="2"></td></tr>
<tr><td colspan="4">「청원경찰법」 제4조제2항에 따라 귀하의 청원경찰 배치신청에 대하여 위와 같이 통지합니다.

. . .

지방경찰청장(경찰서장) 인</td></tr>
<tr><td colspan="4">※ 청원경찰의 배치 결정을 받았으면 년 월 일까지 청원경찰 임용대상자의 임용승인신청서를 제출하여 주시기 바랍니다.</td></tr>
</table>

210mm×297mm (신문용지 54g/㎡(재활용품))

■ 청원경찰법 시행규칙 [별지 제3호서식] 〈개정 2013.10.22〉

청원경찰 임용 승인 신청서

(앞쪽)

접수번호	접수일자	처리기간 15일

청원주	성명		생년월일	
	직책		연락처	

배치 사업장의 명칭					
배치 사업장의 소재지					
청원경찰 배치 결정 통지 접수일					
임용예정자(총　명)	일련번호	성명	생년월일	주소	병역

「청원경찰법」 제5조제1항, 같은 법 시행령 제4조제1항 및 같은 법 시행규칙 제5조에 따라 위 사람들을 청원경찰로 임명하려고 하니 승인해 주시기 바랍니다.

년　　월　　일

신청인　　　　(서명 또는 인)

○○경찰서장 귀하

첨부 서류	임용예정자에 대한 다음 각 호의 서류 1. 이력서 1부 2. 주민등록증 사본 1부 3. 민간인 신원진술서 1부 4. 최근 3개월 이내에 발행한 채용신체검사서 또는 취업용건강진단서 1부 5. 가족관계등록부 중 기본증명서 1부	수수료 없음
담당 공무원 확인사항	임용예정자 병적증명서	

행정정보 공동이용 동의서

임용예정자는 이 건 업무처리와 관련하여 담당 공무원이 「전자정부법」 제36조에 따른 행정정보의 공동이용을 통하여 위의 담당 공무원 확인 사항을 확인하는 것에 동의합니다.

※ 동의하지 아니하는 경우에는 임용예정자가 직접 관련 서류를 제출하여야 합니다.

※ 임용예정자가 2명 이상인 경우에는 별지를 사용할 수 있습니다.

청원경찰 임용예정자　　　　(서명 또는 인)

210㎜×297㎜[백상지 80g/㎡(재활용품)]

(뒤쪽)

처리절차

1. 사업장이 하나의 경찰서의 관할구역에 있는 경우

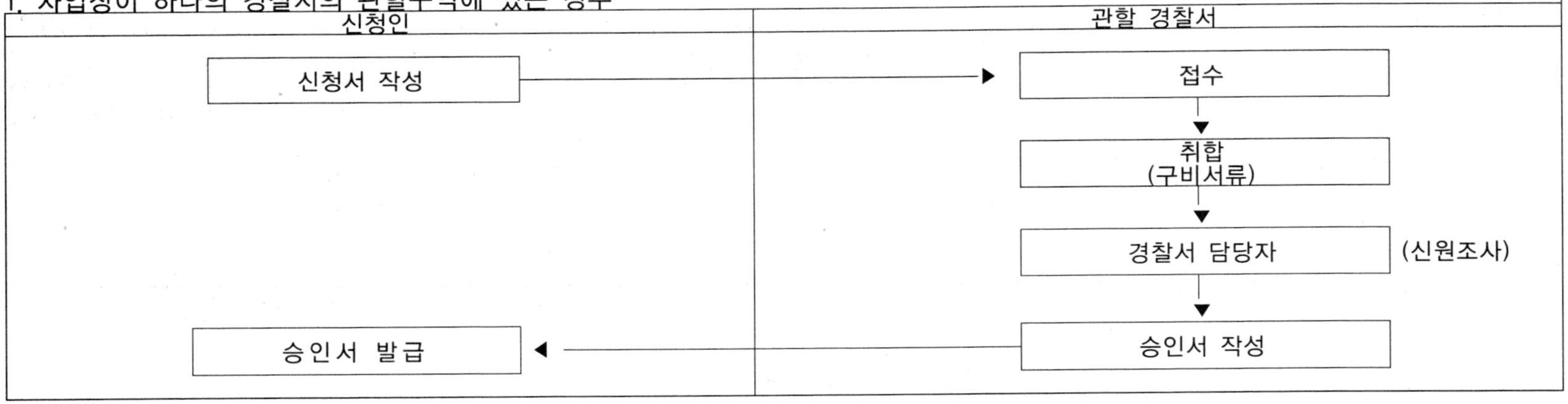

2. 사업장이 둘 이상의 경찰서의 관할구역에 있는 경우

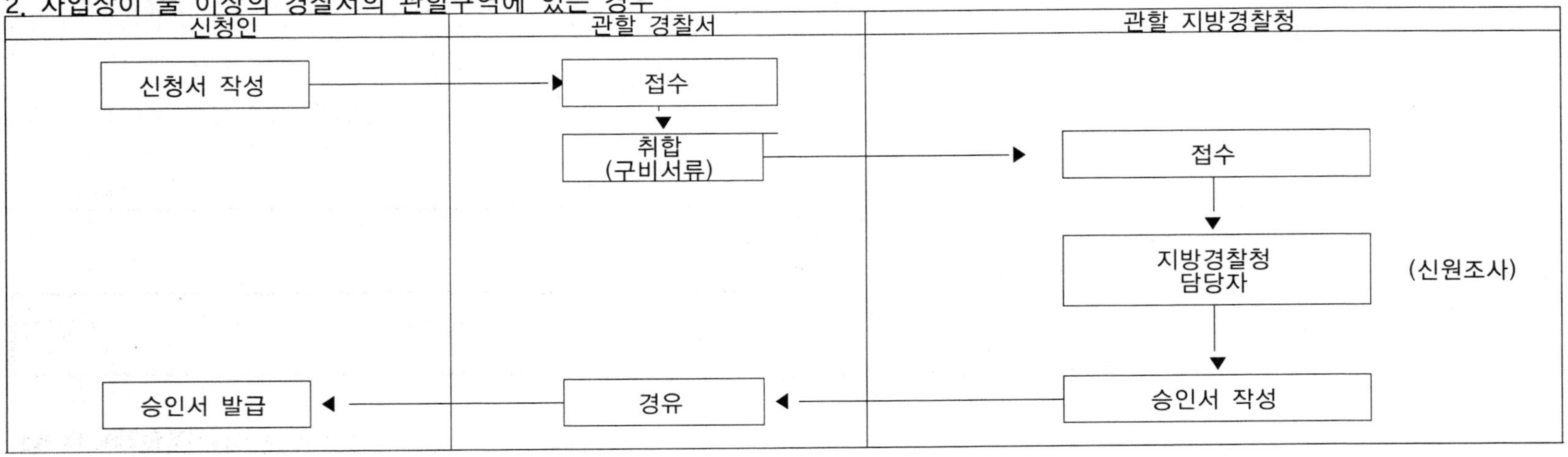

[별지 제4호서식]

기관명

(우) 주소 /전화( ) - /팩스( ) -
담당 부서명: 담당자

문서번호:

수신:

청원경찰 배치(전출)통보서			
①청원주	성명		
	주민등록번호		
	직책		
②배치사업장의 명칭		③배치사업장의 소재지	

청원경찰 배치(전출) 상황(총 명)

④일련번호	⑤경비배치구역	⑥성명	⑦주민등록번호	⑧임명일	⑨기본교육이수 상황	⑩전출일 및 전출지	⑪비고

「청원경찰법 시행령」 제6조에 따라 위와 같이 청원경찰의 배치(전출)상황을 통보합니다.

. . .

청원주 (인)

경찰서장 (인)

210mm×297mm (신문용지 54g/㎡(재활용품))

■ 청원경찰법 시행규칙 [별지 제5호서식] 〈개정 2013.10.22〉

청원경찰 무기 대여 신청서

(앞쪽)

접수번호		접수일자		처리기간	7일
청원주	성명		생년월일		
	직책		연락처		

배치 사업장의 명칭				
배치 사업장의 소재지				
청원경찰 배치 인원				
대여 신청량	총기의 종류	수량	탄약의 종류	수량
대여 신청 사유				
대여 기간				
무기 관리 방법				
비고				

「청원경찰법」 제8조제2항, 같은 법 시행령 제16조제1항 및 같은 법 시행규칙 제15조에 따라 위와 같이 무기대여를 신청합니다.

년 월 일

신청인 (서명 또는 인)

○○경찰서장 귀하

첨부 서류	없음	수수료 없음

210㎜×297㎜[백상지 80g/㎡(재활용품)]

(뒤쪽)

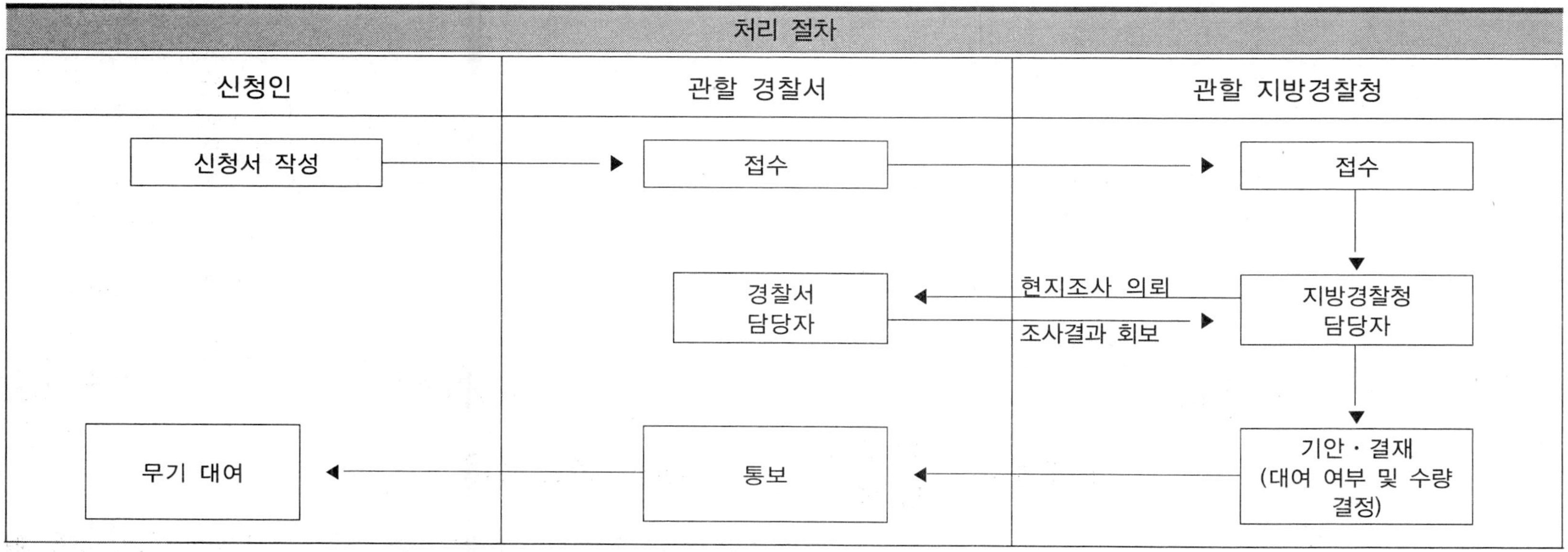
처리 절차
신청인
관할 경찰서
관할 지방경찰청
신청서 작성
접수
접수
경찰서
담당자
현지조사 의뢰
조사결과 회보
지방경찰청
담당자
무기 대여
통보
기안 · 결재
(대여 여부 및 수량
결정)

■ 청원경찰법 시행규칙 [별지 제6호서식] 〈개정 2013.10.22〉

청원경찰 배치 [ ] 폐지 [ ] 감축 통보서

접수번호	접수일자		처리기간	즉시
청원주	성명		생년월일	
	직책		연락처	
통보 내용	배치 사업장의 명칭		배치 사업장의 소재지	
	청원경찰 배치 인원			
	폐지 또는 감축 인원			
	폐지 또는 감축 사유			
반납 무기 수량	총기의 종류	수 량	탄약의 종류	수 량
비 고				

「청원경찰법」 제10조의5제2항 및 같은 법 시행규칙 제23조에 따라 위와 같이 청원경찰의 배치 (폐지·감축)을 통보합니다.

년 월 일

청원주 (서명 또는 인)

○○경찰서장 귀하

첨부 서류	없음	수수료 없음

유의사항

「청원경찰법」 제4조제3항에 따라 지방경찰청장이 청원경찰의 배치를 요청한 사업장의 청원주가 청원경찰의 배치를 폐지하거나 배치 인원을 감축할 때에는 같은 법 제10조의5제2항에 따라'폐지 또는 감축 사유'란에 그 폐지 또는 감축의 사유를 구체적으로 밝혀야 합니다(지면이 부족한 경우에는 별지를 사용할 수 있습니다).

210㎜×297㎜[백상지 80g/㎡(재활용품)]

[별지 제7호서식]

(앞쪽)

제　　　호

과태료 부과 사전 통지서

(의견제출 통지)

_______________ 귀하

「청원경찰법」 제12조제1항에 따라 아래와 같이 과태료를 부과하려고 하니 의견이 있으면 기한 내에 의견을 제출해 주시기 바랍니다.

과태료 부과 대상자	성 명	
	주 소	
과태료 금액		
과태료 부과 원인 행위	일 시	
	장 소	
	내 용	
적용 법령		
의견제출 기한		~

〈의견〉

년　　월　　일

지방경찰청장
경 찰 서 장　직인

210㎜×297㎜(일반용지60g/㎡(재활용품))

(뒤쪽)

〈의견제출 시 유의사항〉

1. 귀하는 앞쪽의 과태료 부과사항에 대하여 이 서면 또는 정보통신망을 이용하여 의견을 제출할 수 있으며, 주장을 입증할 증거자료를 함께 제출할 수 있습니다. 다만, 정보통신망을 이용하여 의견을 제출하려는 경우에는 미리 의견제출기관에 알려 주시고, 의견을 제출한 후에 의견의 도달 여부를 담당자에게 확인하시기 바랍니다.

2. 의견제출 기한 내에 의견을 제출하지 않으면 의견이 없는 것으로 봅니다.

3. 귀하께서 행정청에 출석하여 의견진술을 하려는 경우에는 행정청에 미리 그 사실을 알려 주시기 바랍니다.

4. 그 밖에 궁금한 사항이 있으시면 아래 연락처로 문의하시기 바랍니다.

의 견 제 출 기 관

부 서 명		담 당 자	
주 소		전화번호	
전자우편주소		팩 스	

[별지 제8호서식]

(앞쪽)

봉 함 엽 서

보내는 사람
○○ 지방경찰청장(경찰관서장)
주 소
□□□ - □□□

우체국
요금후납

받는 사람

과태료 부과 고지서 재중

귀하

□□□ - □□□

접 는 선

접 는 선

제 호
과태료 부과 고지서 및 영수증(납부자용)

납부자: 주민(법인)번호: —*******
주 소:

세입징수관	계좌번호

귀하에 대하여 「청원경찰법」 제12조제1항에 따라 아래와 같이 과태료를 부과하니 납부기한 내에 내시기 바랍니다.

과태료 금액			납부기한	~
위반 사항	일 시		위반내용	
	장 소		적용법령	

년 월 일

위 금액을 정히 영수합니다.
*** 납기 후 수납 불가**

지방경찰청장
경 찰 서 장 직인

년 월 일 수납인

210mm×297mm(일반용지60g/㎡(재활용품))

(뒤쪽)

접는선

제　　　　　호

과태료 부과 고지서 및 영수증(수납기관용)

경찰청

납부자:　　　주민(법인)번호:　　　　　-*******

주　소:

세입징수관	계좌번호

과태료금액		납부기한	~

위 금액의 수납을 의뢰합니다.

년　　월　　일　　　　　　은행(우체국)　　　　지점

지방경찰청장
경 찰 서 장 직인

(수납인)

접는선

〈안 내 말 씀〉

❖ 앞쪽에 기재된 과태료 금액을 한국은행 국고(수납) 대리점인 은행, 우체국, 신용협동조합, 새마을금고 또는 상호저축은행에 내시기 바랍니다.

❖ 과태료 부과에 불복하실 경우 납부기한 내에 우리 경찰서(지방경찰청)에 서면으로 이의를 제기하실 수 있습니다.

❖ 이의제기 없이 기한 내에 내지 않으실 경우 「질서위반행위규제법」 제24조에 따라 5/100의 가산금이 부과되며, 1개월 경과 시마다 12/1000의 중가산금이 부과됩니다. 또한, 「질서위반행위규제법」 제52조에 따라 관허사업의 제한을 받을 수 있고, 같은 법 제53조에 따라 체납 또는 결손처분자료가 신용정보기관에 제공될 수 있으며, 같은 법 제54조에 따라 법원의 결정으로 감치(監置)에 처해질 수 있습니다.

❖ 영수증은 5년간 보관하시기 바랍니다.

[별지 제9호서식]

과 태 료 수 납 부

일련 번호	고지서 번호	위반일	의견 제출 기한	납부 기한	납부 연월일	과태료 금액			과태료 부과 대상자			위반 사항
						결정액	가산액	납부액	성명	주민등록번호	주소	

210㎜×297㎜(일반용지60g/㎡(재활용품))

[별도 1]

기동복의 제식

앞면	뒷면

상의 ○ 노타이(no tie) 식, 가슴받이를 붙이고 긴소매, 앞면 중앙에 플라스틱 단추(소) 6개 ○ 흉부 좌우에 겉붙임 뚜껑주머니 및 플라스틱 단추(소) ○ 어깨 · 가슴에 휘장(좌측)	하의 ○ 긴바지 ○ 앞면 좌우측에 겉붙임 옆주머니 ○ 뒷면 좌우 둔부에 겉붙임주머니 및 단추 ※ 그 밖의 사항은 「경찰복제에 관한 규칙」 에 따른 제식에 따른다.

[별도 2]

모자표장

색상 및 재질: 금색 금속지

[별도 3]

가슴표장

색상 및 재질: 금색 금속지
“청원경찰”은 음각으로 새겨 넣는다.
“번호”에는 소속 기관과 그 일련번호를 새겨 넣는다(예: 체신 112).

[별도 4] 〈개정 2013.2.26〉

휘장

<table>
<tr><th>어깨휘장(좌측)</th><th>가슴휘장(좌측)</th></tr>
<tr><td></td><td>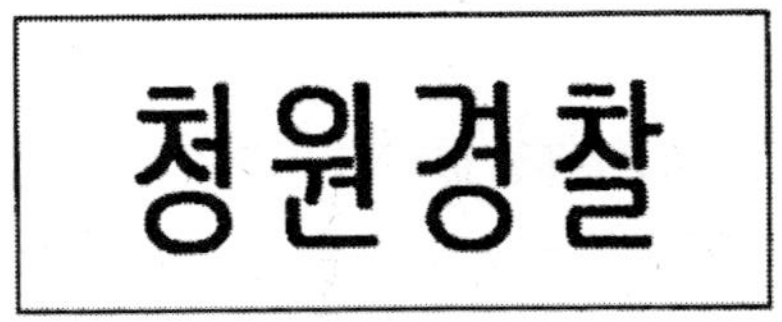</td></tr>
<tr><td>○ 너비 2cm, 바깥지름 10cm의 반원형
○ 바탕색: 상의 색상과 동일
○ 글자(청원경찰)색: 바탕이 밝은 색일 경우 검은색, 바탕이 어두운 색일 경우 흰색
○ 글씨의 굵기는 2mm, 크기는 한 글자 기준으로 가로 1.7cm, 세로 1.9cm
○ 모든 제복 왼쪽 어깨에 부착</td><td>○ 가로 10cm, 세로 6.5㎝
○ 흰색 바탕에 글자(청원경찰)는 검은색
○ 글씨의 굵기는 4mm, 크기는 한 글자 기준으로 가로 2cm, 세로 5.5cm
○ 기동복, 점퍼, 비옷, 방한복 및 외투 왼쪽 가슴에 부착</td></tr>
</table>

[별도 5]

계급장

조원(신임)

조원(8년 이상 근속)

조장

반장

대장

색상 및 재질: 금색 금속지

[별도 6]

넥타이핀

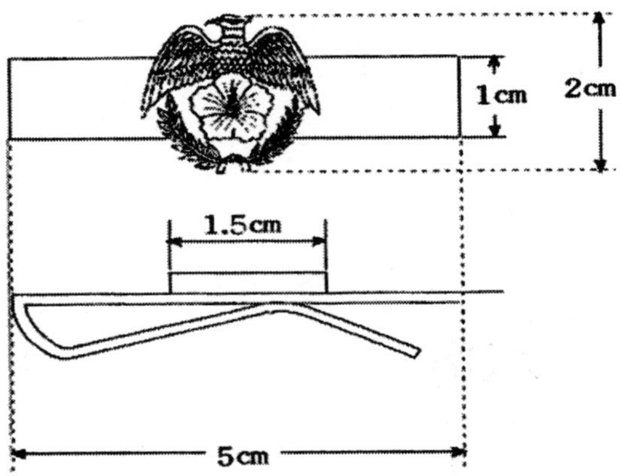

색상 및 재질: 은색 금속지

[별도 7]

단추

색상 및 재질: 은색 금속지

[별도 8]

부속물의 위치

부속물 위치		
종류	점퍼, 외투, 비옷, 방한복	근무복

청원경찰 경비기준액 고시

2017년도 청원경찰 경비기준액 고시

1. 국가기관 또는 지방자치단체에 근무하는 청원경찰

가. 청원경찰 경비기준액

- 감독자 직책 수당(월지급액)
  - ○ 대 장 : 50,000원
  - ○ 반 장 : 40,000원
  - ○ 조 장 : 30,000원

나. 청원경찰 수당의 최저부담기준액은 제1호의 가목으로 한다.

다. 제1호 나목의 최저부담기준액 외에 정근수당, 가족수당, 정근수당가산금, 정액급식비, 초과근무수당, 직급보조비, 명절휴가비, 자녀학비보조수당, 연가보상비, 성과상여금을「청원경찰법」제6조제2항 각 호의 재직기간에 따라 경찰공무원 중 순경·경장·경사·경위에 준하여 지급한다.

라. 다목에 규정된 수당 이외의 다른 수당은 자체 예산이 편성된 항목 범위 안에서 지급한다.

2. 국가기관 또는 지방자치단체에 근무하는 청원경찰 외의 청원경찰

가. 청원경찰 경비기준액

(1) 봉급 (월지급액, 단위: 원)

호봉	금 액	호봉	금 액
1	1,486,900	16	2,540,000
2	1,557,500	17	2,595,500
3	1,632,200	18	2,647,100
4	1,711,400	19	2,697,800
5	1,791,300	20	2,746,100
6	1,873,000	21	2,791,700
7	1,951,200	22	2,835,600
8	2,026,600	23	2,877,300
9	2,098,900	24	2,917,400
10	2,168,300	25	2,955,500
11	2,234,600	26	2,990,100
12	2,300,300	27	3,019,800
13	2,363,500	28	3,048,500
14	2,424,700	29	3,076,200
15	2,483,300	30	3,103,100
		31	3,129,400

(2) 감독자 직책 수당(월지급액)
- 대 장 : 50,000원
- 반 장 : 40,000원
- 조 장 : 30,000원

나. 청원경찰 경비의 최저부담기준액
- 봉급 : 제2호가목의 (1)로 한다.
- 수당 : 제2호가목의 (2)로 한다.

다. 제2호나목에 따른 최저부담기준액 이외의 다른 수당은 청원경찰이 배치된 사업장의 취업규칙이나 자체 내규에 따라 지급한다.

라. 호봉간 승급기간
호봉 승급에 필요한 기간은 취업규칙이나 자체 내규에 따르되, 이에 관한 취업규칙이나 자체 내규의 규정이 없을 때에는 경찰공무원인 순경의 승급에 관한 규정을 준용한다.

3. 기본교육비(2주 교육기준)
- 하절기 : 168,360원
- 동절기 : 170,860원

4. 제1호에서 제3호까지의 청원경찰 경비 외의 교육, 출장 기타 직무수행을 위한 여행에 소요되는 여비는 국가기관 또는 지방자치단체에서 근무하는 청원경찰은 경찰공무원 중 순경·경장·경사·경위에 대한「공무원여비규정」에 준하여 지급하고, 국가기관 또는 지방자치단체에 근무하는 청원경찰 외의 청원경찰은 배치된 사업장의 취업규칙이나 자체 내규에 따른다.

부　칙(2017. 6. 26.)

제1조(시행일) 이 고시는 고시한 날부터 시행하되, 2017년 1월 1일부터 적용한다.

2018년도 청원경찰 경비기준액 고시

1. 국가기관 또는 지방자치단체에 근무하는 청원경찰

가. 청원경찰 경비기준액

- 감독자 직책 수당(월지급액)
  - ○ 대 장 : 50,000원
  - ○ 반 장 : 40,000원
  - ○ 조 장 : 30,000원

나. 청원경찰 수당의 최저부담기준액은 제1호의 가목으로 한다.

다. 제1호 나목의 최저부담기준액 외에 정근수당, 가족수당, 정근수당가산금, 정액급식비, 초과근무수당, 직급보조비, 명절휴가비, 자녀학비보조수당, 연가보상비, 성과상여금을 「청원경찰법」 제6조제2항 각 호의 재직기간에 따라 경찰공무원 중 순경·경장·경사·경위에 준하여 지급한다.

라. 다목에 규정된 수당 이외의 다른 수당은 자체 예산이 편성된 항목 범위 안에서 지급한다.

2. 국가기관 또는 지방자치단체에 근무하는 청원경찰 외의 청원경찰

가. 청원경찰 경비기준액

(1) 봉급 (월지급액, 단위: 원)

호봉	금 액	호봉	금 액
1	1,530,900	16	2,615,100
2	1,603,500	17	2,672,200
3	1,680,400	18	2,725,300
4	1,762,000	19	2,777,500
5	1,844,300	20	2,827,300
6	1,928,400	21	2,874,200
7	2,008,900	22	2,919,400
8	2,086,500	23	2,962,400
9	2,160,900	24	3,003,600
10	2,232,400	25	3,042,900
11	2,300,700	26	3,078,500
12	2,368,300	27	3,109,100
13	2,433,400	28	3,138,600
14	2,496,400	29	3,167,100
15	2,556,700	30	3,194,800
		31	3,221,900

(2) 감독자 직책 수당(월지급액)

- 대 장 : 50,000원
- 반 장 : 40,000원
- 조 장 : 30,000원

나. 청원경찰 경비의 최저부담기준액

- 봉급 : 제2호가목의 (1)로 한다.
- 수당 : 제2호가목의 (2)로 한다.

다. 제2호나목에 따른 최저부담기준액 이외의 다른 수당은 청원경찰이 배치된 사업장의 취업규칙이나 자체 내규에 따라 지급한다.

3. 기본교육비(2주 교육기준)

- 하절기 : 168,360원
- 동절기 : 170,860원

4. 제1호에서 제3호까지의 청원경찰 경비 외의 교육, 출장 기타 직무수행을 위한 여행에 소요되는 여비는 국가기관 또는 지방자치단체에서 근무하는 청원경찰은 경찰공무원 중 순경·경장·경사·경위에 대한 「공무원여비규정」에 준하여 지급하고, 국가기관 또는 지방자치단체에 근무하는 청원경찰 외의 청원경찰은 배치된 사업장의 취업규칙이나 자체 내규에 따른다.

부　　칙(2018.　.　.)

이 고시는 고시한 날부터 시행하되, 2018년 1월 1일부터 적용한다.

총포 · 도검 · 화약류 등의
안전관리에 관한 법률
시행규칙 중 관련 서식

■ 총포·도검·화약류 등의 안전관리에 관한 법률 시행규칙 [별지 제10호의2서식] 〈개정 2017.12.29〉

[ ]분사기 [ ]전자충격기 [ ]석궁 소지 허가 신청서

※ 뒤쪽의 안내사항을 참고하시기 바라며, [ ]에는 해당되는 곳에 √표를 합니다. (앞 쪽)

접수번호	접수일자	처리일자	처리기간 5일

신청인	성명	주민등록번호
	직업	운전면허번호
	주소	전화번호
재 질		
형 식		
제조국 및 회사명		
명칭 및 제조번호		
길 이		
중 량		
용 도		

「총포·도검·화약류 등의 안전관리에 관한 법률」 제12조제1항 및 같은 법 시행규칙 제21조제3항에 따라 위와 같이 신청합니다.

년 월 일

신청인 (서명 또는 인)

경찰서장 귀하

210㎜×297㎜[일반용지 60g/㎡(재활용품)]

첨부서류	1. 신체검사서(분사기ㆍ전자충격기의 경우에는 「도로교통법」 제80조에 따른 운전면허가 있는 사람은 첨부하지 아니합니다) 2. 분사기ㆍ전자충격기 또는 석궁의 출처를 증명할 수 있는 서류 1부 3. 사진(가로 2.5㎝, 세로 3㎝)	수수료 3,000원

유의사항

◈ 분사기ㆍ전자충격기ㆍ석궁의 출처 증명서류는 입수경위에 따라 다음과 같습니다.

가. 기존 허가된 경우는 해당 소지 허가증

나. 소지 허가된 분사기ㆍ전자충격기ㆍ석궁으로서 상품화된 경우에는 해당 소지 허가증 반납 증명서류

다. 수입 또는 양도의 경우에는 수입면장

라. 국내제품인 경우에는 제조명세서

처리절차

신청인	처리기관
	경찰서(총포ㆍ화약담당부서)

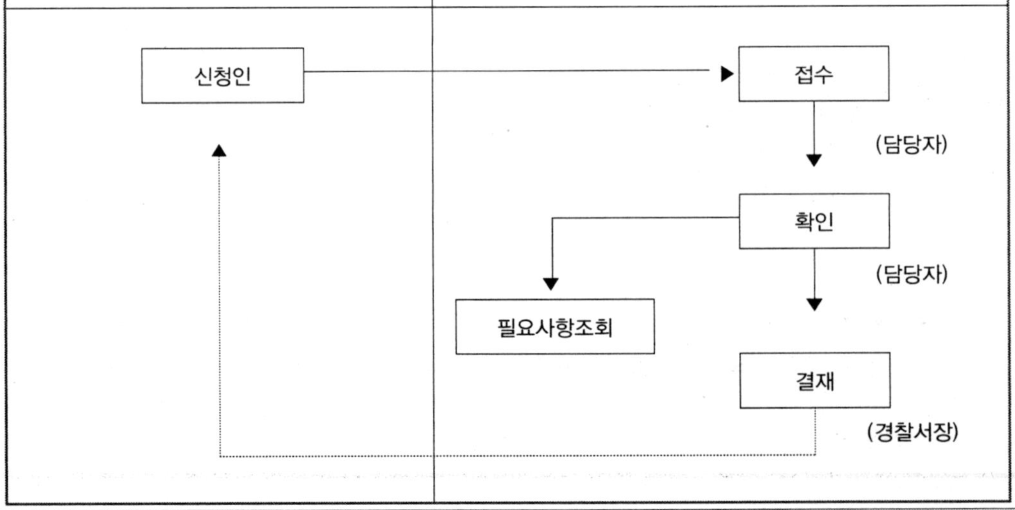

210㎜×297㎜[일반용지 60g/㎡(재활용품)]

■ 총포 · 도검 · 화약류 등의 안전관리에 관한 법률 시행규칙 [별지 제45호서식] 〈개정 2017.12.29〉

(　　　　) [　] 허가증 / [　] 면허증 재교부 신청서

접수번호	접수일자	처리기간 10일

신청인	성 명	주민등록번호
	주 소 (전화번호 :　　　　　)	

신고 내용	허가(면허)의 종류	
	허가(면허)번호	허가(면허)일
	사 유	

「총포 · 도검 · 화약류 등의 안전관리에 관한 법률」 제65조 및 같은 법 시행규칙 제60조에 따라 위와 같이 (허가증 · 면허증)의 재교부를 신청합니다.

년　　월　　일

신청인　　　　(서명 또는 인)

경찰서장
지방경찰청장　귀하
경찰청장

첨부서류	1. 잃어버린 경우: 잃어버리게 된 경위서 2. 헐어서 못쓰게 된 경우: 허가증 또는 면허증	수수료 1,000원

처리절차

신청서 작성 (신청인) → 접수 · 확인 · 결재 (경찰서) → 접수 · 확인 · 결재 (지방경찰청) → 접수 · 확인 · 결재 (경찰청)

210㎜×297㎜[백상지 80g/㎡(재활용품)]

■ 총포 · 도검 · 화약류 등의 안전관리에 관한 법률 시행규칙 [별지 제43호서식] 〈개정 2017.12.29〉

[ ] 허가증
[ ] 면허증 반납 신고서

접수번호	접수일자	처리기간 즉시(3근무시간 이내)

신고인	성 명	주민등록번호
	주 소 (전화번호 :)	
	직 업	
허가증(면허증)	허가(면허) 번호	
	허가(면허) 연월일	
	허가(면허) 내용	

「총포 · 도검 · 화약류 등의 안전관리에 관한 법률」 제65조 및 같은 법 시행규칙 제58조에 따라 위와 같이 허가증(면허증)의 반납을 신고합니다.

년 월 일

신고인 (서명 또는 인)

경찰서장
지방경찰청장 귀하
경찰청장

첨부서류	1. 허가(면허)증 2. 보유하고 있는 총포 · 도검 · 화약류 · 분사기 · 전자충격기 · 석궁에 대한 처리계획서(허가가 취소된 경우만 해당합니다)	수수료 없음

210㎜×297㎜[백상지 80g/㎡(재활용품)]

■ 총포 · 도검 · 화약류 등의 안전관리에 관한 법률 시행규칙 [별지 제44호서식] 〈개정 2017.12.29〉

(　　　　　) [　] 허가증 [　] 면허증 기재사항 변경 신고서

접수번호	접수일자	처리기간 10일

<table>
<tr><td rowspan="2">신고인</td><td>성 명</td><td>주민등록번호</td></tr>
<tr><td colspan="2">주 소
(전화번호 :　　　　　　　　)</td></tr>
<tr><td rowspan="5">신고
내용</td><td colspan="2">허가(면허)의 종류</td></tr>
<tr><td>허가(면허)번호</td><td>허가(면허)일</td></tr>
<tr><td colspan="2">현재사항</td></tr>
<tr><td colspan="2">변경사항</td></tr>
<tr><td colspan="2">사 유</td></tr>
</table>

「총포 · 도검 · 화약류 등의 안전관리에 관한 법률」 제65조제3항 및 같은 법 시행규칙 제59조에 따라 위와 같이 (허가증 · 면허증) 기재사항 변경을 신고합니다.

년　　월　　일

신청인　　　　　　　(서명 또는 인)

경찰서장
지방경찰청장　귀하
경찰청장

첨부서류	허가(면허)증	수수료 없음

처리절차

신청서 작성 (신청인) → 접수 · 확인 · 결재 (경찰서) → 접수 · 확인 · 결재 (지방경찰청) → 접수 · 확인 · 결재 (경찰청)

210㎜×297㎜[백상지 80g/㎡(재활용품)]

경비업 법령집

2018년 06월 11일 초판인쇄
2018년 06월 14일 초판발행
편 저 구영선, 조달환
발 행 사단법인 한국경비원협회 중앙회
주 소 서울시 광진구 동일로 62길 33, 2층(중곡동 632-10)
전 화 02-780-0085

ISBN 978-89-6541-364-6 93350

정가 12,000원

공급처 도서출판 **진 영 사**
주 소 인천광역시 부평구 부평동 134-16 태승빌딩 4층
전 화 032)505-4207